Die Schriften der Essener – Buch 4

Über das Buch

In diesen einzigartigen Texten aus dem geheimen Archiv des Vatikans und den Bibliotheken der Benediktiner, die Dr. Székely der Welt zugänglich gemacht hat, sprechen Jesus und andere Meister über die Geheimnisse der Engel, des Lichts, der Klänge und einer das ganze Leben währenden Gesundheit, die aus dem Einklang mit den «Kräften des Himmels und der Erde» bewirkt werden kann.
Im zweiten Teil des Buches beschreibt Dr. Székely die Herkunft und Bedeutung der Essener-Texte, die die Grundlage des Christentums sind und jeden Suchenden zu den Wurzeln dieses Glaubens führen können.

Über den Autor

Dr. Edmond Bordeaux Székely promovierte als Philologe an der Universität von Paris und erhielt Auszeichnungen von den Universitäten in Wien und Leipzig. Er hatte eine Professur für Philosophie und Experimentelle Psychologie an der Universität von Klausenburg (Cluj), Siebenbürgen (Rumänien). Außer seinen gelehrten Kenntnissen des Sanskrit, Aramäisch, Griechisch und Latein sprach Dr. Székely zehn moderne Sprachen. Seine wichtigsten Übersetzung sind die ausgewählten Texte der Schriftrollen vom Toten Meer und die Evangelien der Essener. Insgesamt hat er über 70 Bücher über Philosophie, die Lehren der Essener und alte Kulturen geschrieben, die in vielen Ländern der Welt veröffentlicht wurden. Dr. Székely, den viele seiner Freunde liebevoll «Professor» nannten, ist 1979 gestorben.
Eine Auswahl von weiteren Veröffentlichungen des Autors finden Sie am Schluß des Buches.

Das geheime Evangelium der Essener

Die Lehren der Auserwählten

Der Originaltext
aus dem Hebräischen und Aramäischen übersetzt von
Dr. Edmond Bordeaux Székely

MANDALA
MEDIA

Aus dem Englischen von
Angelika Nichols und Susanne Schaup

Originaltitel: The Essene Gospel of Peace – Book Four: The Teachings of the Elect

Originaltitel des zweiten Teils:
The Discovery of the Essene Gospel of Peace

Umschlaggestaltung: Charles Huguenin
Umschlagbild: Creative Company, Basthhorst
Satz: Mandala Media, Rheinfelden
Herstellung: F. X. Stückle, Ettenheim
Printed in Germany
ISBN 3-906983-06-4
Mandala Media, Postfach 404, CH-4310 Rheinfelden

Inhalt

Das geheime Evangelium der Essener

Vorwort

Edmond Bordeaux Székely publizierte 1928 erstmals seine Übersetzung des ersten Buches des Friedensevangeliums der Essener. Er hatte das alte Manuskript mit unendlicher Geduld, makelloser Gelehrsamkeit und unbeirrbarer Intuition in den Geheimarchiven des Vatikans aufgestöbert. Die englische Ausgabe erschien 1937, und seither fand das kleine Buch in der ganzen Welt Verbreitung. Es erschien in verschiedenen Sprachen und gewinnt jedes Jahr mehr und mehr Leser. Bis zum heutigen Tag wurden allein in den USA – immer noch ohne jede kommerzielle Werbung – über eine Million Exemplare verkauft. Erst fünfzig Jahre nach Erstellung der französischen Übersetzung erschienen das zweite und dritte Buch, und auch diese Bände wurden zu Klassikern der Essenerliteratur. Das vierte Buch, die Lehren der Auserwählten, wird diejenigen Leser überraschen, die über Dr. Székelys Tod im Jahre 1979 informiert sind. Wenn ich Philologin, Gelehrte oder Archäologin wäre, könnte ich vielleicht eine Erklärung geben. Aber ich bin nur sein treuer famulus amanuensis, und die Instruktionen, die er mir hinterließ, waren klar und eindeutig: «Zwei Jahre nach meinem Tod wird das vierte Buch des Friedensevangeliums der Essener herausgegeben.» Das war alles, und ich erfülle nun diesen

Wunsch. Das vierte Buch, die Lehren der Auserwählten, ist ein weiteres Fragment des vollständigen Manuskriptes, das sich im aramäischen Urtext in den Geheimarchiven des Vatikans und in Altslawisch in der Königlichen Bibliothek der Habsburger (jetzt Eigentum der österreichischen Regierung) befindet. Als Grund für die verzögerte Veröffentlichung kann ich nur annehmen, daß es Dr. Székelys Wunsch war, die lebendige Realität dieser zeitlosen Wahrheiten ohne die Gegenwart des Übersetzers wirken zu lassen. Im Vorwort des 1937 erschienenen ersten Bandes der Londoner Ausgabe sagte er, daß «wir diesen Teil vorab herausgeben, denn dieser Teil wird von der leidenden Menschheit am nötigsten gebraucht.» Vielleicht braucht die gequälte Welt vierundvierzig Jahre später gerade diesen vierten Band. Nochmal mit Dr. Székelys Worten: «Wir müssen diesem Text nichts hinzufügen. Er spricht für sich selbst. Der Leser, der die folgenden Seiten konzentriert durcharbeitet, wird die unvergängliche Lebendigkeit und das machtvolle Zeugnis dieser profunden Wahrheiten, die die Menschheit heute mehr denn je benötigt, spüren.» «Und die Wahrheit wird sich selbst bezeugen.»

Orosi, Costa Rica, 1981
Norma Nilsson Bordeaux

Die Kommunion der Essener

Und es begab sich, daß Jesus die Söhne des Lichts am Flußufer versammelte, um ihnen das Verborgene zu enthüllen. Denn sieben Jahre waren vergangen, und jeder einzelne war reif, die Wahrheit zu hören, so wie die Blume sich aus der Knospe öffnet, wenn die Engel der Sonne und des Wassers sie zum Blühen bringen.

Und jeder von ihnen war anders als der andere, denn einige waren alt, andere hatten noch den Tau der Jugend auf ihren Wangen, andere waren nach den Traditionen ihrer Väter erzogen worden, und wieder andere kannten weder Vater noch Mutter. Aber alle besaßen eine Klarheit des Auges und eine Geschmeidigkeit des Körpers, denn dies waren die Zeichen dafür, daß sie sieben Jahre lang mit den Engeln der Erdenmutter gewandelt waren und deren Gesetze befolgt hatten. Sieben Jahre lang hatten die unbekannten Engel des Himmelsvaters sie während ihres Schlafes belehrt. Und jetzt war der Tag gekommen, an dem sie in die Bruderschaft der Auserwählten eintreten und die verborgenen Lehren der Alten, von Enoch und noch früheren, lernen würden.

Und Jesus führte die Söhne des Lichts zu einem alten Baum am Fluß. Dort kniete er an der Stelle, wo die Wurzeln, knorrig und grau vor Alter, sich über den Flußrand ausbreiteten. Und die Söhne des Lichts knieten ebenfalls nieder und berührten mit Ehrfurcht den Stamm des alten Baumes, denn man hatte sie gelehrt, daß die Bäume Brüder der Menschensöhne sind. Denn ihre Mutter ist die gleiche, die Erdenmutter, deren Blut im Mark des Baumes und im Körper des Menschensohnes fließt. Und ihr Vater ist der gleiche, der Himmelsvater, dessen Gesetze in den Zweigen des Lebensbaumes geschrieben stehen und auf den Stirnen der Menschensöhne eingeprägt sind.

Und Jesus streckte seine Hände nach dem Baume aus und sagte: «Sehet den Baum des Lebens, der mitten im ewigen Meer steht. Schaut nicht nur mit den Augen des Körpers, sondern schaut mit den Augen des Geistes den Baum des Lebens als eine Quelle von fließenden Strömen, als eine lebendige Quelle in einem Land der Dürre. Schaut den ewigen Garten der Wunder und in seiner Mitte den Baum des Lebens, Wunder aller Wunder, ewige Zweige für stetiges Wachstum, die sich im Strom des Lebens aus einer unvergänglichen Quelle verwurzeln. Schaut mit den Augen des Geistes die Engel des Tages und die Engel der Nacht, die die Früchte mit Flammen des ewigen Lichts, die überall brennen, beschützen.

Schaut, o Söhne des Lichts, die Zweige des Lebensbaumes strecken sich dem Reich des Himmelsvaters entgegen. Und schaut, die Wurzeln des Lebensbaumes reichen hinunter zum Busen der Erdenmutter. Und der Menschensohn ist zu einer unendlichen Höhe emporgehoben und wandelt durch die Wunderwerke der Ebene;

denn nur der Menschensohn trägt in seinem Körper die Wurzeln des Lebensbaumes; die gleichen Wurzeln, die am Busen der Erdenmutter saugen; und nur der Menschensohn trägt in seinem Geiste die Zweige des Lebensbaumes; die gleichen Zweige, die sich dem Himmel entgegenstrecken, dem Reich des Himmelsvaters.

Und sieben Jahre lang habt ihr den ganzen Tag mit den Engeln der Erdenmutter gearbeitet; und sieben Jahre lang habt ihr in den Armen des Himmelsvaters geschlafen. Und jetzt wird euer Verdienst groß sein, denn euch wird die Gabe der Zungen verliehen werden, auf daß ihr die volle Kraft eurer Erdenmutter aufnehmen, über ihre Engel bestimmen und über ihr ganzes Königreich herrschen könnt. Nehmt an die blendende Glorie eures Himmelsvaters, auf daß ihr über seine Engel bestimmen und in das immerwährende Leben im Himmlischen Reich eintreten könnt.

Und sieben Jahre lang wurden euch diese Worte nicht gegeben, denn der, der das Geschenk der Zungen benutzt, Reichtümer zu suchen oder seine Feinde zu beherrschen, der wird nicht länger ein Sohn des Lichts sein, sondern ein Kind des Teufels und eine Kreatur der Finsternis. Denn nur das klare Wasser kann das Licht der Sonne widerspiegeln; und das Wasser, angefüllt mit Dreck und Unrat, kann nichts widerspiegeln. Und wenn der Körper und der Geist des Menschensohnes mit den Engeln der Erdenmutter und des Himmelsvaters sieben Jahre lang gewandelt ist, dann ist er wie ein dahinfließender Strom in der Mittagssonne, der blendendes Licht von leuchtenden Juwelen widerspiegelt.

Hört mich, Söhne des Lichts, denn ich werde euch das Geschenk der Zungen enthüllen, damit ihr beim Sprechen zu eurer Erdenmutter am Morgen und zu eurem Himmelsvater am Abend der Einheit des Himmels näherkommt, der Einheit, für die der Sohn des Menschen seit Beginn der Zeiten bestimmt war.

Ich werde euch tiefe und geheimnisvolle Dinge mitteilen. Denn ich sage euch wahrlich, alle Dinge sind von Gott, und es gibt keinen außer Ihm. Richtet nun eure Herzen aus, auf daß ihr auf den rechten Wegen wandelt, dort wo seine Gegenwart ist.

Wenn ihr eure Augen am Morgen öffnet, noch bevor euer Körper vom Engel der Sonne geöffnet wird, sagt zu euch selbst diese Worte, laßt sie in eurem Geiste widerhallen; denn Worte sind wie abgefallenes Laub, wenn in ihnen nicht das Leben des Geistes ist. Sagt dann diese Worte: ‹Ich betrete den ewigen und unendlichen Garten des Wunders, mein Geist in Einheit mit dem Himmelsvater, mein Körper in Einheit mit der Erdenmutter, mein Herz in Harmonie mit meinen Brüdern, den Söhnen der Menschen, schenke ich meinen Geist, meinen Körper und mein Herz der heiligen, reinen und erlösenden Lehre, jener Lehre, die von alters her Enoch bekannt war.›

Und nachdem diese Worte in euren Geist gedrungen sind, sagt am ersten Morgen nach Sabbat diese Worte: ‹Die Erdenmutter und ich sind Eins. Ihr Atem ist mein

Atem; ihr Blut ist mein Blut; ihre Gebeine, ihr Fleisch, ihr Inneres, ihre Augen und Ohren sind meine Gebeine, mein Fleisch, mein Inneres, meine Augen und Ohren. Niemals werde ich sie verlassen, und immer wird sie mich nähren und meinen Körper erhalten.› Und ihr werdet spüren, wie die Kraft der Erdenmutter durch euren Körper fließt, so wie der Fluß, wenn er vom Regen angeschwollen ist, mächtig dröhnend dahinströmt.

Und am zweiten Morgen nach Sabbat sagt diese Worte: ‹Engel der Erde, mach meinen Samen fruchtbar, und mit deiner Kraft gib meinem Körper Leben.› So wie euer Samen neues Leben erschafft, so strömt durch die Erde der Samen des Engels der Erde; in dem Gras, in der Erde, in allem Lebendigen, das aus der Erde wächst. Wisset, o Söhne des Lichts, daß derselbe Engel der Erde, der euren Samen in Söhne verwandelt, auch die winzige Eichel in diesem mächtigen Eichenbaum verwandelt hat und den samentragenden Weizen schafft für das Brot des Menschensohnes. Und der Same eures Körpers braucht nicht in den Körper der Frau einzudringen; denn die Macht des Engels der Erde ist von unübertrefflicher Größe, und der Engel der Erde kann das Leben des Geistes im Innern als auch das Leben des Körpers im Außen schaffen.

Und am dritten Morgen nach Sabbat sagt diese Worte: ‹Engel des Lichts, tritt kraftvoll in die Glieder meines Körpers.› Und mit diesen Worten umarme den Baum des Lebens, so wie ich dessen Bruder, die Eiche, umarme, und ihr werdet die Kraft des Engels des

Lebens spüren, der in eure Arme, in eure Beine und in euren ganzen Körper fließt, so wie der Saft im Frühling in den Baum fließt oder aus dem Stamm herausrinnt, so wird der Engel des Lichts euren Körper mit der Kraft der Erdenmutter durchströmen.

Und am vierten Morgen nach Sabbat sagt diese Worte: ‹Engel der Freude, steig hinab auf die Erde, verströme Schönheit und Freude auf alle Kinder der Erdenmutter und des Himmelsvaters.› Und ihr werdet zu den Blumenfeldern nach dem Regen gehen und eurer Erdenmutter für den süßen Duft der Blüten danken, denn wahrlich, ich sage euch, eine Blume hat keinen anderen Zweck, als Freude in das Herz des Menschensohns zu bringen. Und ihr werdet mit neuen Ohren dem Gesang der Vögel lauschen und ihr werdet mit neuen Augen die Farben der Sonne beim Aufgehen und Untergehen erblicken. Und all diese Geschenke der Erdenmutter werden Freude schaffen und in euch emporschießen, so wie eine Quelle plötzlich aus der Dürre emporschießt. Und ihr werdet wissen, daß niemand vor den Himmelsvater tritt, der nicht von dem Engel der Freude vorbeigelassen wurde; denn in Freude wurde die Erde geschaffen, und in Freude erschufen die Erdenmutter und der Himmlische Vater den Sohn des Menschen.

Und am fünften Morgen nach Sabbat sagt diese Worte: ‹Engel der Sonne, tritt in meinen Körper ein und laß mich im Feuer des Lebens baden.› Und ihr werdet die Strahlen der aufgehenden Sonne in das Zentrum eures Körpers einfließen spüren, dort in das Zentrum, wo sich die Engel des Tages und der Nacht treffen, und die Kraft der Sonne wird euch gehören, um in jeden Teil eures Körpers einzudringen, denn die Engel verweilen dort.

Und am sechsten Morgen nach Sabbat sagt diese Worte: ‹Engel des Wassers, tritt in mein Blut ein und gib meinem Körper das Wasser des Lebens.› Und ihr werdet spüren, wie die Kraft des Engels des Wassers in euer Blut eindringt, und wie die vorbeieilenden Wellen des Wassers und wie die Bäche eines Stromes wird die Kraft der Erdenmutter durch euer Blut und den ganzen Körper strömen. Und es wird zum Heilen sein, denn die Kraft des Engels des Wassers ist mächtig. Wenn du zu ihm sprichst, wird er seine Kraft nach deinem Befehl leiten, denn wenn die Engel Gottes in dem Sohn des Menschen verweilen, dann ist alles möglich.

Und am siebten Morgen nach Sabbat sagt diese Worte: ‹Engel der Luft, tritt mit meinem Atem ein und gib meinem Körper die Luft des Lebens.› Wisset, o Söhne des Lichts, daß der Engel der Luft der Bote des Himmelsvaters ist, und niemand tritt vor das Angesicht Gottes, der nicht von ihm vorbeigelassen wurde. Denn wir denken nicht an den Engel der Luft, wenn wir atmen, denn wir atmen gedankenlos, so wie die Söhne der Finsternis ihr Leben gedankenlos leben. Aber wenn die Kraft des Lebens in eure Worte und in euren Atem eintritt, dann ruft ihr jedesmal den Engel der Luft an, und so ruft ihr auch die unbekannten Engel des Himmelsvaters an, und ihr werdet dem Himmlischen Reich näher und näher kommen.

Und am Abend des Sabbat sagt diese Worte: ‹Der Himmlische Vater und ich sind Eins.› Und schließet eure Augen, Söhne des Lichts, und schlafend betretet ihr die unbekannten Reiche des Himmelsvaters. Und ihr werdet im Licht der Sterne baden, und der Himmlische Vater wird euch in Seiner Hand halten und wird einen Quell des Wissens in euch aufsteigen lassen; einen Brunnen der Kraft, der lebendiges Wasser ausschüttet, eine Flut der Liebe und allumfassende Weisheit, wie die Herrlichkeit des ewigen Lichts. Und eines Tages werden sich die Augen eures Geistes öffnen, und ihr werdet all dies wissen.

Und am ersten Abend nach Sabbat sagt diese Worte: ‹Engel des Ewigen Lebens, steig herab in mich und gib meinem Geist das Ewige Leben.› Nun schließt eure Augen, Söhne des Lichts, und im Schlaf vergegenwärtigt euch die Einheit des Lebens überall. Denn wahrlich, ich sage euch, während der Stunden des Tageslichts sind unsere Füße am Boden, und wir haben keine Flügel, mit denen wir fliegen. Aber unser Geist ist nicht an die Erde gebunden, und mit dem Herannahen der Nacht überwinden wir unsere Bindung an die Erde und treffen uns mit dem, was ewiglich ist. Denn der Menschensohn ist nicht nur das, als was er erscheint, und nur mit den Augen des Geistes können wir jene goldenen Fäden erkennen, die uns mit dem Leben überall verbinden.

Und am zweiten Abend nach Sabbat sagt diese Worte: ‹Engel der Schöpferischen Arbeit, steig herab auf die Erde und gib all den Menschensöhnen im Überfluß.› Denn dieser mächtigste aller Engel des Himmelsvaters ist der Auslöser der Bewegung, und nur in der Bewegung ist Leben. Arbeitet, o Söhne des Lichts, im Garten der Bruderschaft, um das Königreich des Himmels auf der Erde zu erschaffen. Und wenn ihr arbeitet, so wird der Engel der Schöpferischen Arbeit den Samen in eurem Geist nähren und reifen lassen, auf daß ihr Gott schaut.

Und am dritten Abend nach Sabbat sagt diese Worte: ‹Friede, Friede, Friede, Engel des Friedens, sei immer hier.› Sucht den Engel des Friedens in allem, was lebt, in allem, was ihr tut, in jedem Wort, das ihr sprecht. Denn Frieden ist der Schlüssel zu allem Wissen, zu jedem Geheimnis, zu allem Leben. Wo es keinen Frieden gibt, da regiert Satan. Und die Söhne der Finsternis gelüsten am meisten danach, den Frieden der Söhne des Lichts zu stehlen. Geht deshalb in dieser Nacht zu dem goldenen Strom des Lichts, der das Gewand des Engels des Friedens ist. Und bringt am Morgen den Frieden Gottes zurück, der das Verstehen überschreitet, damit ihr die Herzen der Menschensöhne trösten könnt.

Und am vierten Abend nach Sabbat sagt diese Worte: ‹Engel der Kraft, steig zu mir herab und erfülle all meine Taten mit Kraft.› Denn wahrlich, ich sage euch, so wie es kein Leben auf der Erde ohne Sonne gibt, so gibt es ohne den Engel der Kraft kein Leben des Geistes. Was ihr denkt und was ihr fühlt, das ist wie eine tote Schrift, die nur Worte auf einer Seite ist oder wie die tote Sprache der toten Menschen. Aber die Söhne des Lichts werden nicht nur denken, nicht nur fühlen, sondern werden auch tun, und ihre Taten werden die Erfüllung ihrer Gedanken und Gefühle sein, so wie die goldenen Früchte des Sommers dem grünen Laub des Frühlings ihre Bedeutung geben.

Und am fünften Abend nach Sabbat sagt diese Worte: ‹Engel der Liebe, steig zu mir herab und erfülle alle meine Gefühle mit Liebe.› Denn durch die Liebe werden Himmelsvater, Erdenmutter und Menschensohn eins. Liebe ist ewiglich. Liebe ist stärker als der Tod. Und jede Nacht sollen die Söhne des Lichts in dem heiligen Wasser des Engels der Liebe baden, damit er am Morgen die Söhne der Menschen mit freundlichen Taten und sanften Worten taufen kann. Denn wenn das Herz des Sohnes des Lichts in Liebe gebadet ist, dann werden nur noch freundliche und sanfte Worte kommen.

Und am sechsten Abend nach Sabbat sagt diese Worte: ‹Engel der Weisheit, steig zu mir herab und erfülle all meine Gedanken mit Weisheit.› Wisset, o Söhne des Lichts, daß unsere Gedanken so stark sind wie ein Blitzstrahl, der durch den Sturm hervorbricht und einen mächtigen Baum zersplittert. Darum mußtet ihr sieben Jahre warten, um zu lernen, wie man mit den Engeln spricht, da ihr nichts wißt über die Macht eurer Gedanken. Darum benutzt die Weisheit in allem, was ihr denkt und sprecht und tut. Denn wahrlich, ich sage euch, was ohne Weisheit getan wird, ist wie ein Pferd ohne Reiter, mit schäumendem Mund und wilden Augen, das verrückt in einen gähnenden Abgrund rennt. Wenn aber der Engel der Weisheit eure Taten bestimmt, dann ist der Pfad zu den unbekannten Bereichen offen, und Ordnung und Harmonie bestimmen euer Leben.

Und dies ist die Gemeinschaft mit den Engeln, die den Söhnen des Lichts geschenkt wird, auf daß sie mit ihren von der Erdenmutter gereinigten Körpern und von dem Himmelsvater gereinigten Geist den Engel gebieten und ihnen dienen, immerfort, von Zeitalter zu Zeitalter, während der Tagesabläufe und in deren fester Ordnung, beim Erscheinen des Lichts aus dessen Quelle und am Abend und beim Weggehen des Lichts, beim Ende der Dunkelheit und beim Kommen des Tages, immerfort, in allen Zeitabläufen.

Die Wahrheit wird aus einem Brunnen des Lichts geboren, Falschheit aus einem Tümpel der Finsternis. Der Herrschaftsbereich aller Kinder der Wahrheit ist in den Händen der Engel des Lichts, auf daß sie auf den Wegen des Lichts wandeln.

Segen all den Söhnen des Lichts, die ihr Los nach dem Gesetz tragen, das sie auf all ihren Wegen treu begleitet. Mag das Gesetz euch mit allem Guten segnen, und euch vor allem Bösen bewahren und eure Herzen erhellen mit der Einsicht in die Dinge des Lebens und euch mit dem Wissen des Ewigen begnadigen.»

Und der zunehmende Mond stieg über den Berg, und Lichtstrahlen glänzten im Wasser des Flusses. Und

die Söhne des Lichts, als ein Mensch, knieten in Ehrfurcht und Dankbarkeit ob der Worte Jesu nieder, als er sie entsprechend der alten Form ihrer Väter belehrte, so wie auch Enoch von den Alten belehrt wurde.
Und Jesus sagte: «Das Gesetz wurde begründet, um die Kinder des Lichts mit Heilkraft und großem Frieden, mit langem Leben, mit fruchtbarem Samen des immerwährenden Segens, mit ewiger Freude in der Unsterblichkeit des Ewigen Lichts zu belohnen.

Beim Herannahen des Tages umarme ich meine Mutter, beim Herannahen der Nacht gehe ich zu meinem Vater, und am Ende der Nacht und des Morgens atme ich deren Gesetze, und ich werde diese Kommunionen nicht unterbrechen bis zum Ende aller Zeiten.»

Das Geschenk des Lebens in dem bescheidenen Gras

Es war im Monat Thebet, als die Erde nach den Regenfällen mit Sprößlingen jungen Grases bedeckt war, und diese smaragdgrüne Decke war so weich wie der Flaum des jungen Kükens. Und es war an einem hellen, sonnigen Morgen, als Jesus die neuen Brüder der Erwählten um sich versammelte, damit sie mit ihren Ohren hören und mit ihren Herzen die Lehren ihrer Väter verstehen sollten, so wie Enoch belehrt wurde.

Und Jesus setzte sich unter einen knorrigen, alten Baum und hielt einen kleinen, irdenen Topf in seinen Händen, und in dem Topf wuchs ein zarter Sprößling Weizen, die vollkommenste aller körnertragenden Pflanzen. Und das zarte Gras in dem Topf strahlte Leben aus, so wie auch das Gras und die Pflanzen, die die Hügel bis in die weit entfernten Felder und noch jenseits davon bedeckten. Und Jesus strich sanft mit seinen Händen über das Gras in dem Topf, so sanft, wie er den Kopf eines kleinen Kindes berühren würde.

Und Jesus sagte: «Glücklich seid ihr, Söhne des Lichts, denn ihr habt den unsterblichen Weg beschritten, und ihr wandelt auf dem Pfad der Wahrheit, so wie es eure Väter aus alter Zeit taten, die von den Großen belehrt wurden. Mit den Augen und den Ohren des Geistes seht und hört ihr die Zeichen und die Töne des

Reichs der Erdenmutter: der blaue Himmel, wo der Engel der Luft zuhause ist, der schäumende Fluß, auf dem der Engel des Wassers gleitet, das goldene Licht, das von dem Engel der Sonne ausstrahlt. Und ich sage euch wahrlich, all dies ist in euch wie auch außerhalb von euch; denn euer Atem, euer Blut, das Feuer des Lebens in euch sind eins mit der Erdenmutter.

Aber von all diesen Dingen und noch von vielen anderen mehr ist das kostbarste Geschenk eurer Erdenmutter das Gras unter euren Füßen, sogar jenes Gras, auf das ihr gedankenlos tretet. Demütig und bescheiden ist der Engel der Erde, denn er hat keine Flügel zum Fliegen, keine goldenen Lichtstrahlen, um den Nebel zu durchdringen. Aber groß ist seine Stärke, und weit ist sein Bereich, denn er bedeckt die Erde mit seiner Kraft, und ohne ihn gäbe es die Menschensöhne nicht mehr, denn kein Mensch kann ohne das Gras, die Bäume und die Pflanzen der Erdenmutter leben. Und das sind die Geschenke des Engels der Erde an die Söhne der Menschen.

Aber jetzt werde ich euch von geheimnisvollen Dingen berichten, denn wahrlich, ich sage euch, das bescheidene Gras ist mehr als Nahrung für den Menschen und das Tier. Es verbirgt seine Herrlichkeit unter einem niedrigen Aussehen, so wie es berichtet wurde von einem Herrscher der Alten, der die Dörfer unter seiner Herrschaft als Bettler verkleidet besuchte und wußte, daß die Menschen einem solchen viele Dinge erzählen, aber vor dem König in Furcht niederfallen würden.

So verbirgt das bescheidene Gras seine Herrlichkeit unter einem Gewand aus bescheidenem Grün, und die Söhne der Menschen laufen darauf, pflügen es, füttern es ihren Tieren, aber kennen nicht die Geheimnisse, die darin verborgen sind, noch jene Geheimnisse des ewigen Lebens im Himmlischen Reich.

Aber die Söhne des Lichts werden wissen, was in dem Gras verborgen ist, denn es ist ihnen gegeben, die Söhne der Menschen zu trösten. So wie uns die Erdenmutter mit dieser kleinen Handvoll Weizen in einem einfachen Topf belehrt, so benutzt ihr den gleichen irdenen Topf, um Milch daraus zu trinken und den Honig der Bienen zu sammeln. Jetzt ist der Topf gefüllt mit schwarzer Erde und altem Laub und feucht vom Tau des Morgens, jenem kostbaren Geschenk des Engels der Erde.

Und ich habe eine Handvoll Weizen befeuchtet, auf daß der Engel des Wassers eintrete. Der Engel der Luft umarmte es auch, und der Engel der Sonne und die Kraft der drei Engel erweckten auch den Engel des Lebens in dem Weizen, und Sprößlinge und Wurzeln wurden in jedem Samenkorn geboren. Dann legte ich den erwachten Weizen in den Boden des Engels der Erde, und die Kraft der Erdenmutter und all ihre Engel traten in den Weizen ein, und als die Sonne viermal aufgegangen war, war aus den Körnern Gras geworden. Und wahrlich, ich sage euch, es gibt kein größeres Wunder als dieses.»

Und die Brüder schauten mit Ehrfurcht auf die zarten Halme in den Händen Jesu, und einer fragte: «Meister, was ist das Geheimnis des Grases, das du in deinen

Händen hältst? Warum ist es anders als das Gras, das die Hügel und Berge bedeckt?»

Und Jesus antwortete: «Es ist nicht anders, o Sohn des Lichts. Alles, was lebt, alle Bäume, alle Pflanzen in jedem Teil der Welt, sie alle sind Teil des Reichs der Erdenmutter. Aber ich habe in diesem Topf einen kleinen Teil des Reichs der Erdenmutter hinweggenommen, auf daß ihr sie mit den Händen des Geistes berührt und auf daß ihre Kraft in euren Körper übergehen mag.

Denn wahrlich, ich sage euch, es gibt einen heiligen Strom des Lebens, der die Erdenmutter und all ihre Engel erschaffen hat. Unsichtbar ist dieser Strom des Lebens für die Augen der Söhne der Menschen, denn sie wandeln im Dunkeln und sehen nicht die Engel des Tages und der Nacht, die sie umgeben und über ihnen schweben. Aber die Söhne des Lichts sind sieben Jahre lang mit den Engeln des Tages und der Nacht gewandelt, und jetzt werden ihnen die Geheimnisse der Kommunion mit den Engeln offenbart. Und die Augen eures Geistes werden geöffnet werden, und ihr werdet den Strom des Lebens, der die Erdenmutter erschuf, sehen und hören und berühren. Und ihr werdet in den heiligen Strom des Lebens eintreten, und er wird euch mit unendlicher Behutsamkeit zum ewigen Leben im Reich eures Himmelsvaters tragen.»

«Wie sollen wir das tun, Meister?» fragten einige mit Erstaunen. «Welche Geheimnisse müssen wir erkennen, um diesen heiligen Strom des Lebens zu sehen und zu hören und zu fühlen?»

Und Jesus antwortete nicht. Aber er legte seine beiden Hände um die wachsenden Halme des Grases im Topf, sanft, als wären sie die Stirn eines kleinen Kindes. Und er schloß seine Augen, und um ihn herum waren Lichtstrahlen, die in der Sonne glänzten, so wie die Sommerhitze das Licht unter einem wolkenlosen Himmel flimmern läßt. Und die Brüder knieten nieder und neigten in Ehrfurcht das Haupt vor der Macht der Engel, die um die Gestalt des sitzenden Jesus waren, und still saß er in Frieden, seine Hände gefaltet, wie versunken im Gebet um die Grashalme.

Und niemand wußte, ob eine Stunde verstrichen war oder ein Jahr, denn die Zeit stand still, und es war, als hielte die gesamte Schöpfung den Atem an. Und Jesus öffnete seine Augen, und ein Blütenduft erfüllte die Luft, als Jesus sprach: «Hier ist das Geheimnis, o Söhne des Lichts; hier in dem bescheidenen Gras. Hier ist der Treffpunkt der Erdenmutter und des Himmelsvaters; hier ist der Strom des Lebens, der die gesamte Schöpfung hervorbrachte; ich sage euch wahrlich, nur dem Sohn des Menschen ist es gegeben, den Strom des Lebens, der zwischen dem irdischen und dem himmlischen Reich fließt, zu sehen und zu hören und zu berühren. Legt eure Hände an das zarte Gras des Engels der Erde, und ihr werdet die Macht aller Engel sehen und hören und berühren.»

Und nacheinander saß jeder der Brüder in Ehrfurcht vor der Macht der Engel und hielt das zarte Gras in seinen Händen. Und jeder fühlte den Strom des Lebens mit der Macht eines rauschenden Flusses nach einem Frühlingssturm in seinen Körper einfließen. Und die Kraft der Engel strömte in ihre Hände, hinauf in ihre Arme und schüttelte sie mächtig, ganz so, wie der Nordwind die Zweige der Bäume schüttelt. Und alle waren verwundert über die Macht des bescheidenen Grases und darüber, daß es alle Engel in sich vereinte und die Reiche der Erdenmutter und des Himmelsvaters. Und sie saßen vor Jesus und wurden von ihm belehrt.

Und Jesus sagte: «Schaut, o Söhne des Lichts, das kleine Gras. Seht, darin sind alle Engel der Erdenmutter und des Himmelsvaters. Denn jetzt seid ihr in den Strom des Lebens eingetreten, und seine Wellen werden euch zur rechten Zeit dem ewigen Leben im Reich des Himmelsvaters entgegentragen.

Denn in dem Gras sind alle Engel. Hier ist der Engel der Sonne, hier in dem Leuchten der grünen Farbe in den Halmen des Weizens. Denn niemand kann in die Sonne schauen, wenn sie hoch am Himmel steht, denn die Augen der Menschensöhne sind geblendet von ihrem strahlenden Licht. Und deswegen verwandelt der Engel der Sonne all sein Leben in grüne Farbe, auf daß der Menschensohn auf die vielen und verschiedenen Schattierungen des Grüns schaue und darin Kraft und Tröstung finde. Denn wahrlich, ich sage euch, alles, was grün und voll Leben ist, besitzt in sich die Kraft des Engels der Sonne, sogar diese zarten Halme des jungen Weizens.

Und so segnet der Engel des Wassers das Gras, denn

wahrlich, ich sage euch, vom Engel des Wassers ist mehr in dem Gras als von jedem anderen Engel der Erdenmutter. Denn wenn ihr das Gras in euren Händen zermalmt, werdet ihr das Wasser des Lebens spüren, das das Blut der Erdenmutter ist. Und immer wenn ihr das Gras berührt und in den Strom des Lebens eintretet, gebt der Erde ein paar Tropfen Wasser, auf daß das Gras sich erneuere durch die Kraft des Engels des Wassers. Wisset auch, daß der Engel der Luft im Gras ist, denn alles, was lebt und grünt, ist die Wohnstätte des Engels der Luft. Legt euer Gesicht nah an das Gras, atmet tief ein und laßt den Engel der Luft in euren Körper eintreten. Denn er verweilt im Gras, so wie der Eichenbaum in der Eichel und der Fisch im Meer verweilt.

Der Engel der Erde ist es, der das Gras erschafft, so wie das ungeborene Kind im Bauch von der Nahrung seiner Mutter lebt, so gibt die Erde dem Weizenkorn von sich selbst und bewirkt, daß es nach oben sprießt, um den Engel der Luft zu umarmen. Ich sage euch wahrlich, jedes Weizenkorn, das dem Himmel entgegensprießt, ist ein Sieg über den Tod, wo Satan herrscht. Denn das Leben beginnt immer wieder neu.

Es ist der Engel des Lebens, der durch die Grashalme in den Körper des Sohns des Lichts fließt und ihn mit seiner Kraft schüttelt. Denn das Gras ist Leben, und der Sohn des Lichts ist Leben, und Leben fließt zwischen dem Sohn des Lichts und den Grashalmen und bildet eine Brücke für den heiligen Strom des Lichts, der der ganzen Schöpfung Leben gab.

Und wenn der Sohn des Lichts die Grashalme in seinen Händen hält, dann erfüllt der Engel der Freude seinen Körper mit Musik. In den Strom des Lebens einzutreten, bedeutet Einssein mit dem Gesang des Vogels, den Farben der wilden Blumen, dem Duft der Getreidegarben, die frisch auf den Feldern gebunden wurden. Wahrlich, ich sage euch, wenn der Sohn des Menschen keine Freude in seinem Herzen verspürt, arbeitet er für Satan und bringt den Söhnen der Finsternis Hoffnung. Es gibt keine Traurigkeit im Reich des Lichts, es gibt dort nur den Engel der Freude. Lernt deshalb von dem zarten Grashalm das Lied des Engels der Freude, auf daß die Söhne des Lichts mit ihm wandeln, um so die Herzen der Menschensöhne zu trösten.

Es ist die Erdenmutter, die unsere Körper versorgt, denn wir sind aus ihr geboren und haben unser Leben in ihr. So versorgt sie uns mit Nahrung in jedem Grashalm, den wir mit unseren Händen berühren. Denn wahrlich, ich sage euch, denn nicht nur durch das Brot ernährt uns der Weizen. Wir können auch das zarte Gras essen, auf daß die Kraft der Erdenmutter in uns eintrete. Aber kaut die Halme gut, denn der Sohn des Menschen hat andere Zähne als die Tiere, und nur wenn wir gut kauen, kann der Engel des Wassers in unser Blut eintreten und uns Kraft geben. Eßt denn, o Söhne des Lichts, von diesem vollkommenen Kraut auf der Tafel unserer Erdenmutter, auf daß eure Tage auf dieser Erde lange währen mögen, denn dies ist den Augen Gottes wohlgefällig.

Ich sage euch wahrlich, der Engel der Kraft tritt in euch ein, wenn ihr den Strom des Lebens durch die Grashalme berührt. Denn der Engel der Kraft ist ein helles Licht, das jedes Lebewesen umgibt, so wie der Vollmond von Glanzringen umgeben ist, und so wie der Nebel von den Feldern aufsteigt, wenn sich die Sonne am Himmel erhebt. Und der Engel der Kraft tritt in den Sohn des Lichts ein, wenn sein Herz rein ist und wenn es sein einziger Wunsch ist, die Söhne der Menschen zu trösten und zu belehren. Berührt denn die Grashalme und fühlt den Engel der Kraft in eure Fingerspitzen eintreten, nach oben durch euren Körper fließen und euch schütteln, bis ihr vor Wunder und Ehrfurcht erzittert.

Wisset auch, daß der Engel der Liebe in den Grashalmen gegenwärtig ist, denn Liebe ist im Leben und groß ist die Liebe, die den Söhnen des Lichts durch die zarten Grashalme gegeben wurde. Denn wahrlich, ich sage euch, der Strom des Lebens fließt durch jedes Leben, und alles, was lebt, badet in dem heiligen Strom des Lebens. Und wenn der Sohn des Lichts die Grashalme liebevoll berührt, dann erwidern die Grashalme seine Liebe und geleiten ihn zum Strom des Lebens, wo er das immerwährende Leben findet. Und diese Liebe braucht sich nie auf, denn ihr Ursprung ist in dem Strom des Lebens, der zum ewigen Meer fließt, und ganz gleich, wie weit sich der Sohn des Menschen von seiner Erdenmutter und seinem Himmelsvater entfernt, die Berührung der Grashalme wird ihm immer eine Botschaft des Engels der

Liebe vermitteln; und seine Füße werden wieder in dem heiligen Strom des Lebens baden.

Es ist der Engel der Weisheit, der die Bewegung der Planeten beherrscht, den Kreislauf der Jahreszeiten und das rechte Wachstum allen Lebens. So bestimmt der Engel der Weisheit die Kommunion der Söhne des Lichts mit dem Strom des Lebens durch die zarten Grashalme. Denn wahrlich, ich sage euch, euer Körper ist heilig, denn er badet in dem Strom des Lebens, der die ewige Ordnung ist.

Berührt die Grashalme, Söhne des Lichts und berührt den Engel des ewigen Lebens. Denn wenn ihr mit den Augen des Geistes schaut, dann werdet ihr wahrlich sehen, daß das Gras ewig ist. Jetzt ist es jung und zart mit dem Glanz eines neugeborenen Kindes. Bald wird es groß und anmutig sein wie der junge Baum mit seinen ersten Früchten. Dann wird es vom Alter gelb werden und sein Haupt in Geduld senken, so wie das Feld nach der Ernte darniederliegt. Endlich wird es verdorren, denn der kleine irdene Topf kann nicht den ganzen Lebensablauf des Weizens enthalten. Aber es stirbt nicht, denn die braunen Halme werden zum Engel der Erde zurückkehren, und er hält die Pflanze in seinen Armen und heißt sie schlafen, und alle Engel arbeiten in dem vergilbten Laub, und seht, es wird verwandelt und stirbt nicht, sondern erhebt sich wieder in einem anderen Kleide. Und so sehen die Söhne des Lichts niemals den Tod, sondern sie sehen sich selbst verwandelt und zum immerwährenden Leben erhoben.

Und so schläft der Engel der Arbeit niemals, sondern leitet die Wurzeln des Weizens tief in den Engel der Erde, auf daß die Sprößlinge zarten Grüns den Tod und die Herrschaft Satans überwinden. Denn Leben ist Bewegung, und der Engel der Arbeit ist niemals ruhig, und er arbeitet ohne Unterlaß in dem Weingarten des Herrn. Schließt eure Augen, wenn ihr das Gras berührt, Söhne des Lichts, aber schlaft nicht ein, denn den Strom des Lebens zu berühren heißt, den ewigen Rhythmus des immerwährenden Reichs zu berühren, und in dem Strom des Lebens zu baden heißt, die Macht des Engels der Arbeit mehr und mehr in euch zu spüren und auf Erden das Reich des Himmels zu schaffen.

Frieden ist das Geschenk des Stroms des Lebens an die Söhne des Lichts. Deswegen sollt ihr euch immer begrüßen mit ‹Frieden sei mit dir›, so wie das Gras euren Körper mit dem Kuß des Friedens begrüßt. Ich sage euch wahrlich, Frieden ist nicht die Abwesenheit von Krieg, denn nur zu leicht kann sich der friedliche Fluß in einen reißenden Strom verwandeln, und dieselbe Welle, die das Boot wiegt, kann es schnell gegen die Felsen werfen und in Stücke zerschellen lassen. So lasset die Gewalt in den Söhnen des Menschen, wenn sie nicht die Wache des Friedens aufstellen. Berührt die Grashalme und berührt dadurch den Strom des Lebens. Darin findet ihr Frieden, den Frieden, der mit der Macht aller Engel geschaffen wurde. So werden mit diesem Frieden die Strahlen des heiligen Lichts die ganze Finsternis vertreiben.

Wenn die Söhne des Lichts mit dem Strom des Lebens eins sind, dann wird die Macht der Grashalme sie zu dem immerwährenden Reich des Himmelsvaters geleiten. Und ihr werdet mehr über die Geheimnisse wissen, für die es jetzt noch nicht an der Zeit ist. Denn es gibt noch andere heilige Ströme in dem immerwährenden Reich. Ich sage euch wahrlich, die himmlischen Königreiche sind von Strömen goldenen Lichts immer durchzogen, die sich weit über den Himmelsdom wölben und ohne Ende sind. Und die Söhne des Lichts werden für immer auf dessen Strömen reisen, sie werden den Tod nicht kennen, und sie werden von der ewigen Liebe des Himmelsvaters geleitet werden. Und ich sage euch wahrlich, alle Geheimnisse sind in dem bescheidenen Gras enthalten, wenn ihr es sanft berührt und eure Herzen dem Engel des Lebens darin öffnet.

Sammelt denn die Körner des Weizens und pflanzt sie in kleine irdene Töpfe; und versammelt euch täglich frohen Herzens mit den Engeln, auf daß sie euch zum heiligen Strom des Lebens geleiten und ihr von dessen ewiger Quelle Tröstung und Kraft für die Söhne der Menschen mitbringt. Denn wahrlich, ich sage euch, alles, was ihr lernt, alles, was eure Augen des Geistes sehen, alles, was eure Ohren des Geistes hören, all dies ist ein leeres Schilfrohr im Winde, wenn ihr nicht eine Botschaft der Wahrheit und des Lichts den Söhnen der Menschen übermittelt. Denn die Frucht bestimmt den Wert des Baumes. Und lieben heißt, immer neu zu lernen. Denn so wurden eure Väter von den Alten belehrt, sogar unser Vater Enoch. Geht jetzt und Friede sei mit euch.»

Und Jesus hielt den kleinen Topf mit den Halmen des jungen Grases vor sich, als wolle er sie segnen, und wandelte den sonnendurchfluteten Hügeln entgegen am Flußufer entlang, so wie es alle Brüder taten. Und die anderen folgten, jeder behielt die Worte Jesu bei sich, als wären sie ein kostbarer Juwel in ihrer Brust.

Der siebenfache Friede

«Friede sei mit euch», sprach der Alte bei der Begrüßung der Brüder, die zur Belehrung versammelt waren.

«Friede sei mit dir», antworteten sie; und sie gingen gemeinsam am Flußufer entlang, denn so war es immer, wenn ein Alter die Brüder belehrte, auf daß sie die Lehren mit den Engeln der Erdenmutter teilten: der Luft, der Sonne, des Wassers, der Erde, des Lebens und der Freude.

Und der Alte sagte den Brüdern: «Ich will euch vom Frieden berichten, denn für alle Engel des Himmelsvaters ist der Frieden das, nach dem die Welt sich am meisten sehnt, so wie sich ein müdes Kind danach sehnt, seinen Kopf an die Brust der Mutter zu legen. Es ist der Mangel an Frieden, der die Königreiche am meisten plagt, sogar dann, wenn sie sich nicht im Krieg befinden. Denn Gewalt und Kampf können in einem Reich regieren, auch wenn der Lärm von rasselnden Säbeln nicht zu hören ist. Obwohl keine Armeen gegeneinander marschieren, gibt es dennoch keinen Frieden, wenn die Söhne der Menschen nicht mit den Engeln Gottes wandeln. Denn wahrlich, ich sage euch, zahlreich sind die, die den Frieden nicht kennen, denn sie sind im Krieg mit ihrem eigenen Körper; sie sind im Krieg mit ihren Gedanken; sie sind nicht in Frieden mit ihren

Vätern und Müttern, ihren Kindern; sie haben keinen Frieden mit ihren Freunden und Nachbarn; sie kennen nicht die Schönheit der heiligen Schriftrollen. Sie arbeiten am Tage nicht mit den Engeln im Reich der Erdenmutter, noch schlafen sie in der Nacht in den Armen ihres Himmelsvaters. Frieden herrscht nicht in ihnen, denn immerfort dürsten sie nach dem, was am Ende nur Leid und Schmerzen bringt, sogar nach jenen Fallen des Reichtums und des Ruhmes, die Satan aufgestellt hat, um die Söhne der Menschen zu versuchen, durch das sie leben: dem Pfad der Engel der Erdenmutter und des Himmelsvaters.»

«Wie nun können wir unseren Brüdern Frieden bringen, Meister?» fragten einige den Alten, «denn wir wünschen, daß alle Söhne der Menschen die Segnungen des Engels des Friedens teilen.»

Und er antwortete: «Wahrlich, nur der, der mit allen Engeln in Frieden ist, kann das Licht des Friedens auf andere fallen lassen. Deswegen seid zuerst im Frieden mit den Engeln der Erdenmutter und des Himmelsvaters. Denn die Winde eines Sturms bewegen und behelligen die Wasser des Flusses, und nur die Stille, die folgt, kann sie wieder beruhigen. Habt acht, wenn euer Bruder um Brot bittet, auf daß ihr ihm keine Steine gebt. Lebt zuerst in Frieden mit den Engeln, denn dann wird euer Frieden wie ein Springbrunnen sein, der sich im Geben neu auffüllt; und je mehr ihr gebt, desto mehr wird euch gegeben werden, denn so lautet das Gesetz.

Drei Behausungen gibt es für den Sohn des Menschen, und niemand wird vor das Anlitz Gottes treten, der nicht den Engel des Friedens in jedem der drei kennt. Es ist dies sein Körper, seine Gedanken und seine Gefühle. Wenn der Engel der Weisheit seine Gedanken lenkt, wenn der Engel der Liebe seine Gefühle reinigt, und die Taten seines Körpers Liebe und Weisheit wiedergeben, dann leitet ihn der Engel des Friedens unfehlbar zum Thron seines Himmelsvaters. Und er sollte ohne Unterlaß beten, auf daß die Macht des Satans mit all seinen Krankheiten und Unreinheiten aus seinen drei Behausungen verbannt werde; auf daß Weisheit und Liebe in seinem Körper, seinen Gedanken und seinen Gefühlen herrsche.

Zuerst soll der Sohn des Menschen den Frieden mit seinem eigenen Körper suchen; denn sein Körper ist wie ein Bergsee, der die Sonne reflektiert, wenn er ruhig und klar ist; aber wenn er voller Schlamm und Steine ist, reflektiert er nichts. Zuerst muß Satan aus dem Körper verbannt werden, auf daß die Engel Gottes wieder eintreten und darin wohnen können. Wahrlich, kein Friede kann im Körper herrschen, wenn er nicht ein Tempel des heiligen Gesetzes ist. Darum sagt dem, der an Schmerzen und bitteren Qualen leidet und um eure Hilfe bittet, er solle sich selbst durch Fasten und Gebete erneuern. Sagt ihm, er solle den Engel der Sonne, den Engel des Wassers und den Engel der Luft anrufen, auf daß sie in seinen Körper eintreten und die Macht Satans verbannen. Zeigt ihm die innere Taufe und die äußere Taufe. Sagt ihm, er solle von der Tafel der Erdenmutter mit all ihren Geschenken essen: von den Früchten der Bäume, den Gräsern der Felder, der guten Milch der Tiere, dem Honig der Bienen. Er soll nicht die Macht des Satans durch Verzehr von Tierfleisch herbeirufen, denn wer tötet, tötet seinen Bruder, und wer das Fleisch der getöteten Tiere ißt, ißt vom Körper des Todes. Sagt ihm, er solle sein Essen mit dem Feuer des Lebens und nicht mit dem Feuer des Todes bereiten, denn die lebendigen Engel des lebendigen Gottes dienen nur lebendigen Menschen.

Und mag er sie auch nicht sehen und nicht hören und nicht berühren, so ist er doch in jedem Augenblick von der Macht der Engel Gottes umgeben. Während die Augen und Ohren durch Unwissenheit des Gesetzes und der Gier nach den Freuden Satans verschlossen sind, wird er sie nicht sehen, nicht hören, nicht berühren. Aber wenn er fastet und den lebendigen Gott bittet, all seine Krankheiten und Unreinheiten zu verbannen, dann werden seine Augen und Ohren geöffnet werden, und er wird Frieden finden.

Aber nicht nur er, der die Leiden Satans in sich beherbergt, leidet, sondern auch seine Mutter, sein Vater, seine Ehefrau, seine Kinder, seine Freunde; sie leiden auch, denn kein Mensch ist eine Insel für sich allein, und die Kräfte, die durch ihn strömen, seien sie von den Engeln oder vom Satan, wahrlich, diese Kräfte gereichen den anderen zum Guten oder zum Bösen.

Auf diese Weise betet also zu eurem Himmelsvater, wenn die Sonne hoch zur Mittagsstunde steht: ‹Unser Vater, der du im Himmel weilst, schicke den Söhnen der

Menschen den Engel des Friedens; auch schicke unserem Körper den Engel des Lichts, auf daß er darin ewig verweile.›

Dann soll der Sohn des Menschen Frieden in seinen eigenen Gedanken finden; auf daß der Engel der Weisheit ihn leite. Denn wahrlich, ich sage euch, es gibt keine größere Macht im Himmel und auf Erden als die Gedanken des Menschensohns. Wenn auch unsichtbar für die Augen des Körpers, hat doch jeder Gedanke große Macht, eine Macht, die die Himmel erzittern lassen kann.

Denn keinem anderen Lebewesen im Reich der Erdenmutter wurde die Macht der Gedanken gegeben, denn alle Tiere, die kriechen und fliegen, leben nicht nach ihrem eigenen Denken, sondern nach dem einen Gesetz, das alles beherrscht. Nur den Menschensöhnen wurde die Macht der Gedanken gegeben, sogar jenes Denken, das die Fesseln des Todes zerbrechen kann. Denkt nicht, daß es keine Macht hat, weil man es nicht sieht. Wahrlich, ich sage euch, der Blitz, der die mächtige Eiche zerteilt, oder das Beben, das Risse in die Erde zieht, sind ein Kinderspiel verglichen mit der Macht des Denkens. Wahrlich, jeder Gedanke der Finsternis, mag er boshaft, ärgerlich oder rachsüchtig sein, verursacht Zerstörung wie ein Feuer, das unter einem windstillen Himmel durch trockenes Gehölz fegt. Aber der Mensch sieht weder das Blutbad, noch hört er die erbarmungsvollen Schreie der Opfer, denn er ist blind für die Welt des Geistes.

Aber wenn seine Kraft von der heiligen Weisheit geleitet wird, dann führen die Gedanken des Menschensohns zum Himmlischen Reich, und damit ist das Paradies auf Erden errichtet; dann erheben eure Gedanken die Seelen der Menschen, so wie das kalte Wasser eines Flusses euren Körper in der Sommerhitze belebt.

Wenn ein flügger Vogel zum ersten Mal das Fliegen versucht, können ihn seine Flügel noch nicht tragen, und er fällt immer wieder auf die Erde. Aber er versucht es immer wieder, und eines Tages schwebt er nach oben, läßt die Erde und sein Nest weit hinter sich. So ist es auch mit den Gedanken der Söhne des Menschen. Je länger er mit den Engeln wandelt, um so kraftvoller werden seine Gedanken, erfüllt mit heiliger Weisheit. Und wahrlich, ich sage euch, der Tag wird kommen, an dem seine Gedanken sogar das Reich des Todes überwinden und sich emporschwingen werden zum immerwährenden Leben in den himmlischen Gefilden; denn mit ihren von der heiligen Weisheit geleiteten Gedanken bauen die Söhne der Menschen eine Brücke des Lichts, auf der sie Gott erreichen.

Auf diese Weise betet zu eurem Himmelsvater, wenn die Sonne hoch zur Mittagsstunde steht: ‹Unser Vater, der du im Himmel weilst, sende deinen Engel des Friedens zu allen Menschensöhnen und schicke unseren Gedanken den Engel der Kraft, auf daß wir die Fesseln des Todes zerbrechen.›

Dann soll der Sohn des Menschen den Frieden in seinen eigenen Gefühlen suchen; auf daß seine Familie sich an seiner liebevollen Güte erfreue, auch sein Vater, seine Mutter, seine Ehefrau, seine Kinder und seine Kindeskinder. Denn der Himmlische Vater ist hundertmal größer als alle Väter des Samens und des Blutes, und die Erdenmutter ist hundertmal größer als alle Mütter des Körpers, und eure wahren Brüder sind all jene, die dem Willen eures Himmelsvaters und eurer Erdenmutter gehorchen, und nicht eure Brüder im Blute. Trotzdem sollt ihr den Himmelsvater in eurem körperlichen Vater und eure Erdenmutter in eurer irdischen Mutter sehen, denn sind nicht auch diese Kinder des Himmelsvaters und der Erdenmutter? Genauso sollt ihr eure Blutsbrüder lieben, wie ihr all eure wahren Brüder liebt, die mit den Engeln wandeln, denn sind diese nicht auch Kinder des Himmelsvaters und der Erdenmutter? Ich sage euch wahrlich, es ist einfacher, die zu lieben, die man gerade kennengelernt hat, als die in eurem eigenen Heim, die von unseren Schwächen wissen und unsere Worte des Ärgers vernommen und unsere Nacktheit gesehen haben, denn sie kennen uns, wie wir den Engel der Liebe anrufen, damit er in unsere Gefühle eintrete, auf daß sie gereinigt werden. Und alles, was vorher Ungeduld und Zwietracht war, verwandelt sich in Harmonie und Frieden, so wie der ausgedörrte Boden den sanften Regen trinkt und grün und weich und zart von neuem Leben wird.

Denn zahlreich und schmerzvoll sind die Leiden der Menschensöhne, wenn sie sich nicht mit dem Engel der

Liebe verbinden. Wahrlich, ein Mensch ohne Liebe wirft einen dunklen Schatten auf jeden, den er trifft, am meisten auf die, mit denen er lebt; seine barschen und ärgerlichen Worte fallen auf seine Brüder wie Gestank, der aus einem stehenden Pfuhl aufsteigt. Und der, der sie spricht, leidet am meisten, denn die Finsternis, die ihn umgibt, lädt Satan und seine Teufel ein.

Wenn er aber den Engel der Liebe anruft, dann zerteilt sich die Finsternis, und das Sonnenlicht strömt aus ihm, und die Farben des Regenbogens tanzen um seinen Kopf, und sanfter Regen strömt aus seinen Fingern, und er bringt Frieden und Kraft all denen, die sich um ihn scharen.

Auf diese Weise betet deshalb zu eurem Himmelsvater, wenn die Sonne hoch zur Mittagsstunde steht: ‹Unser Vater, der du im Himmel weilst, sende den Engel des Friedens zu allen Söhnen der Menschen; und sende denen aus unserem Samen und unserem Blute den Engel der Liebe, auf daß Friede und Harmonie für immer in unserem Hause verweilen.›

Dann soll der Menschensohn den Frieden mit den anderen Söhnen der Menschen suchen, sogar mit den Pharisäern und Priestern, sogar mit den Bettlern und Heimatlosen, sogar mit den Königen und Herrschern. Denn alle sind Söhne der Menschen, ungeachtet ihrer Stellung, ihres Auftrages, gleich ob ihre Augen geöffnet sind und sie die himmlischen Königreiche sehen, oder ob sie noch in Finsternis und Unwissenheit verweilen.

Denn die Gerechtigkeit des Menschen kann die Unverdienten belohnen und die Unschuldigen bestrafen, aber das heilige Gesetz ist für alle das gleiche, ob Bettler oder König, ob Schafhirte oder Priester.

Suchet den Frieden mit allen Menschensöhnen, und ihr sollt von den Brüdern des Lichts wissen, daß wir seit der Zeit Enochs des Alten und noch vorher dem heiligen Gesetz entsprechend gelebt haben. Denn wir sind weder reich, noch sind wir arm. Wir teilen alle Güter, sogar unsere Kleidung und die Werkzeuge, mit denen wir die Erde bearbeiten. Und gemeinsam arbeiten wir auf den Feldern mit allen Engeln und bauen die Geschenke der Erdenmutter an, um alle zu ernähren.

Denn der stärkste aller Engel des Himmelsvaters, der Engel der Arbeit, segnet jeden Menschen, der bei der Arbeit sein Bestes für ihn gibt, denn dann wird er weder Mangel noch Überfluß kennen. Wahrlich, es gibt im Überfluß für alle Menschen in den Reichen der Erdenmutter und des Himmelsvaters, wenn jeder Mensch an seiner Aufgabe arbeitet; denn wenn ein Mensch sich vor seiner Aufgabe drückt, dann muß sie ein anderer verrichten, denn alle Güter des Himmels- und des Erdenreichs wurden uns zum Preis der Arbeit gegeben.

Immer haben die Brüder des Lichts dort gelebt, wo sie sich mit den Engeln der Erdenmutter treffen: in der Nähe der Flüsse, der Bäume, der Blumen, der Musik der Vögel, wo die Sonne und der Regen den Körper umarmen, der der Tempel des Geistes ist. Noch haben wir mit den Gesetzen der Herrschenden etwas zu tun; noch beachten wir diese, denn unser Gesetz ist das Gesetz des

Himmelsvaters und der Erdenmutter; noch bekämpfen wir es, denn niemand regiert außer dem Willen Gottes. Vielmehr streben wir, nach dem heiligen Gesetz zu leben und immer das Gute in allen Dingen zu fördern; dann wird sich das Reich der Finsternis in das Reich des Lichts verwandeln; denn wo Licht ist, wie kann da Finsternis noch bestehen?

Auf diese Weise betet deshalb zu eurem Himmelsvater, wenn die Sonne hoch zur Mittagsstunde steht: ‹Unser Vater, der du im Himmel weilst, schicke allen Menschensöhnen deinen Engel des Friedens; und schicke der ganzen Menschheit den Engel der Arbeit, denn im Besitz einer heiligen Aufgabe bedürfen wir keiner anderen Segnungen mehr.›

Dann soll der Menschensohn Frieden mit dem Wissen der alten Zeit suchen; denn wahrlich: ich sage euch, in den heiligen Schriftrollen ist ein Schatz, hundertmal größer als jedweder Edelstein und Gold in den reichsten Königstürmen und kostbarer, denn wahrlich, sie enthalten alle Weisheit, die Gott den Söhnen des Lichts offenbart hat, sogar jene Traditionen, die uns von Enoch überliefert wurden und noch vor ihm, auf einem endlosen Weg in die Vergangenheit, die Lehren der Großen. Und dies ist unser Erbe, so wie der Sohn alle Besitztümer seines Vaters erbt, wenn er sich seines Vaters Segen als würdig erweist. Wahrlich, durch das Studieren der Lehren der zeitlosen Weisheit können wir Gott kennenlernen, denn ich sage euch, wahrlich, die Großen sahen Gott von Angesicht zu Angesicht; so wie wir die Füße

Gottes berühren, wenn wir die heiligen Schriftrollen lesen.

Und wenn wir einmal mit den Augen der Weisheit sehen und mit den Ohren des Verstehens die zeitlosen Wahrheiten der heiligen Schriftrollen verstehen, dann müssen wir uns unter die Menschen begeben und sie belehren, denn wenn wir das heilige Wissen eifersüchtig verbergen, vorgeben, es gehöre nur uns, dann sind wir wie einer, der eine Quelle hoch im Gebirge findet und anstatt sie in das Tal fließen zu lassen, um den Durst von Mensch und Tier zu stillen, sie unter Steinen und Dreck begräbt und sich dabei selbst des Wassers beraubt. Geht unter die Menschensöhne und berichtet ihnen vom heiligen Gesetz, auf daß sie sich selbst erretten und die himmlischen Reiche betreten können. Aber redet zu ihnen mit Worten, die sie verstehen können, in Gleichnissen aus der Natur, die zum Herzen sprechen, denn die Tat muß zuerst als Wunsch in dem erwachten Herzen leben.

Auf diese Weise betet deshalb zu eurem Himmelsvater, wenn die Sonne hoch zur Mittagsstunde steht: ‹Unser Vater, der du im Himmel weilst, schicke allen Menschensöhnen deinen Engel des Friedens; auch schicke unserem Wissen den Engel der Weisheit, auf daß wir auf den Weg der Großen, die das Antlitz Gottes sahen, wandeln mögen.›

Dann soll der Sohn des Menschen Frieden mit dem Reich der Erdenmutter suchen, denn niemand kann lange leben oder glücklich sein, der nicht seine Erdenmutter ehrt und ihre Gesetze befolgt. Denn euer Atem ist ihr Atem; euer Blut ist ihr Blut; eure Gebeine sind ihre Gebeine; euer Fleisch ist ihr Fleisch; eure Eingeweide sind ihre Eingeweide; eure Augen und Ohren sind ihre Augen und Ohren.

Ich sage euch, wahrlich, ihr seid eins mit der Erdenmutter; sie ist in euch, und ihr seid in ihr. Aus ihr wurdet ihr geboren, in ihr lebt ihr, und zu ihr werdet ihr zurückkehren. Es ist das Blut eurer Erdenmutter, das aus den Wolken fließt; es ist der Atem eurer Erdenmutter, der in dem Laub der Wälder wispert und mächtig von den Bergen bläst; süß und fest ist das Fleisch eurer Erdenmutter in den Früchten der Bäume; stark und unzerbrechlich sind die Gebeine eurer Erdenmutter in den riesigen Felsen und Steinen, die als Wachen der verlorenen Zeit stehenblieben; wahrlich, wir sind eins mit unserer Erdenmutter, und wer sich an die Gesetze seiner Mutter treu hält, dem wird auch sie treu bleiben.

Aber der Tag wird kommen, wenn der Menschensohn sein Gesicht von der Erdenmutter abwenden und sie betrügen wird und sogar seine Mutter und sein Geburtsrecht verleugnen wird. Dann wird er sie in die Sklaverei verkaufen, und ihr Fleisch wird zerrissen werden, ihr Blut vergiftet und ihr Atem erstickt; er wird das Feuer des Todes in alle Teile ihres Reiches bringen, und sein Hunger wird sie all ihrer Geschenke berauben und an ihrer Stelle eine Wüste zurücklassen.

All dies wird er aus Unwissenheit des Gesetzes tun,

und so wie ein Sterbender nicht seinen eigenen Gestank riechen kann, so wird der Menschensohn blind vor der Wahrheit sein; so wie er seine Erdenmutter plündert und verwüstet und zerstört, so plündert und verwüstet und zerstört er sich selbst. Denn er wurde aus seiner Erdenmutter geboren, und er ist eins mit ihr, und alles, was er seiner Mutter antut, tut er sich selbst an.

Vor langer Zeit, vor der Sintflut, wandelten die Großen auf der Erde, und die riesigen Bäume, jene, die heute nur noch eine Legende sind, waren ihr Heim und ihr Reich. Sie lebten mehrere Generationen lang, denn sie aßen von der Tafel der Erdenmutter, und sie schliefen in den Armen des Himmelsvaters, und sie kannten keine Gebrechen, kein Alter oder Tod. An die Menschensöhne gaben sie die Herrlichkeit ihres Reiches weiter, sogar das verborgene Wissen des Lebensbaumes, der im Mittelpunkt des unendlichen Meeres stand. Aber die Augen der Menschensöhne waren geblendet von den Visionen Satans und den Versprechungen der Macht; sogar jener Macht, die durch Gewalt und Blutvergießen siegt. Und dann löste der Sohn des Menschen die goldenen Fäden, die ihn an seine Erdenmutter und seinen Himmelsvater banden; er entstieg dem heiligen Strom des Lebens, in dem sein Körper eins war mit dem Gesetz; und er begann nur seine eigenen Gedanken, seine eigenen Gefühle und seine eigenen Taten einzusetzen, er machte Hunderte von Gesetzen, wo es vorher nur Ein Gesetz gab.

Und so vertrieben sich die Menschensöhne selbst aus

ihrer Heimat, und seit dieser Zeit drängen sie sich hinter ihren Steinwänden und hören nicht mehr das Seufzen des Windes in den großen Bäumen der Wälder jenseits ihrer Städte.

Wahrlich, ich sage euch, das Buch der Natur ist eine heilige Schriftrolle, und wenn ihr wollt, daß sich die Menschensöhne selbst erretten und das immerwährende Leben finden, dann lehrt sie wieder, die lebendigen Buchstaben der Erdenmutter zu lesen. Denn in allem Lebendigen ist das Gesetz niedergeschrieben. Es ist im Gras geschrieben, in den Bäumen, in den Flüssen, Bergen, in den Vögeln des Himmels und den Fischen des Meeres und am deutlichsten im Menschensohn. Nur wenn er zum Schoß seiner Erdenmutter zurückkehrt, wird er das immerwährende Leben und den Strom des Lebens, der zu seinem Himmelsvater führt, finden; nur so kann die dunkle Vision der Zukunft gebannt werden. »Auf diese Weise also betet zu eurem Himmelsvater, wenn die Sonne hoch zur Mittagsstunde steht: ‹Unser Vater, der du im Himmel weilst, schicke allen Menschensöhnen deinen Engel des Friedens; und schicke in das Reich unserer Erdenmutter den Engel der Freude, auf daß unsere Herzen voll Gesang und Freude sein werden, während wir uns in die Arme unserer Mutter schmiegen.›

Als letztes nur soll der Menschensohn den Frieden mit dem Reich seines Himmelsvaters finden; denn, wahrlich, der Menschensohn ist aus seines Vaters Samen und aus seiner Mutter Leib geboren, auf daß er sein wahrhaftiges Erbe finde und wisse, daß er der Sohn des Königs ist.

Der Himmlische Vater ist das Eine Gesetz, das die Sterne formte, die Sonne, das Licht und die Dunkelheit und auch das heilige Gesetz in unseren Seelen. Überall ist er, und es gibt nichts, in dem er nicht ist. All unser Verstehen und alles, was wir wissen, ist von dem Gesetz bestimmt. Die fallenden Blätter, der Lauf der Flüsse, die Musik der Insekten bei Nacht, all das wird von dem Gesetz bestimmt.

In den Bereichen unseres Himmelsvaters gibt es viele Ebenen, und zahlreich sind die verborgenen Dinge, von denen ihr jetzt noch nichts wissen könnt. Ich sage euch wahrlich, das Reich unseres Himmelsvaters ist weit, so weit, daß kein Mensch dessen Begrenzungen erkennen kann, denn es gibt keine. Jedoch kann sein gesamtes Reich in dem kleinsten Tautropfen auf einer wilden Blume entdeckt werden oder in dem Duft von frischgeschnittenem Gras auf den Feldern unter der Sommersonne. Wahrlich, es fehlen die Worte, um das Reich des Himmelsvaters zu beschreiben.

Wahrlich, herrlich ist das Erbe des Menschensohnes, denn nur ihm ist es gegeben, in den Strom des Lebens einzutreten, der ihn zum Reich seines Himmelsvaters führt. Aber zuerst muß er suchen und den Frieden mit seinem Körper, mit seinen Gedanken, mit seinen Gefühlen, mit den Söhnen der Menschen, mit dem heiligen Wissen und mit dem Reich seiner Erdenmutter finden. Denn wahrlich, ich sage euch, dies ist das Boot, das den

Menschensohn auf dem Strom des Lebens zu seinem Himmelsvater führen wird. Er muß den Frieden, der siebenfach ist, besitzen bevor er den Einen Frieden erfahren kann, der das Verstehen, sogar das seines Himmelsvaters, übersteigt.

Auf diese Weise also betet zu eurem Himmelsvater, wenn die Sonne hoch zur Mittagsstunde steht: ‹Unser Vater, der du im Himmel weilst, schicke den Menschensöhnen deinen Engel des Friedens; und schicke in dein Reich, unser Himmlischer Vater, deinen Engel des Ewigen Lebens, auf daß wir uns bis jenseits der Sterne emporschwingen und ewig leben!›»

Und dann war der Alte still und eine große Ruhe überkam die Brüder, und niemand wollte sprechen. Die Schatten des späten Nachmittags spielten auf dem Fluß, still und silbrig wie Glas, und in dem sich verdunkelnden Himmel war der filigrane, zunehmende Mond des Friedens zu sehen. Und der große Frieden des Himmelsvaters hüllte sie in unsterbliche Liebe.

Die heiligen Ströme

In den innersten Kreis seid ihr gekommen, in das Geheimnis der Geheimnisse, jenes, das schon alt war, als unser Vater Enoch noch jung war und auf Erden wandelte. Viele Jahre seid ihr unterwegs gewesen, immer den Pfad der Rechtschaffenheit folgend, nach dem heiligen Gesetz und den geheiligten Eiden unserer Bruderschaft lebend; und ihr habt aus eurem Körper einen heiligen Tempel gemacht, in dem die Engel Gottes verweilen. Ebenso habt ihr viele Jahre lang bei Tageslicht mit den Engeln der Erdenmutter gearbeitet und jede Nacht in den Armen eures Himmelsvaters geschlafen, und ihr seid von unbekannten Engeln belehrt worden. Nun sollt ihr von den heiligen Strömen erfahren und von dem alten Weg, sie zu durchqueren; so werdet ihr im Licht des Himmels baden, und alle Dinge werden euch entdeckt werden, von denen vorher nur geträumt wurde.

Jetzt, während der Stunde der aufgehenden Sonne, kurz bevor die Engel der Erdenmutter Leben in die noch schlafende Erde einhauchen, jetzt betretet ihr den heiligen Strom des Lebens. Es ist euer Bruder, der Baum, der das Geheimnis dieses heiligen Stroms trägt, und es ist euer Bruder, der Baum, den ihr in euren Gedanken umarmen werdet, wenn ihr am Seeufer entlanggeht. Und ihr werdet eins sein mit dem Baum, denn am Anfang aller Zeiten waren wir alle in dem heiligen Fluß des Lebens, der die ganze Schöpfung gebar. Und indem ihr den Bruder Baum umarmt, wird die Kraft des heiligen Stroms des Lebens euren ganzen Körper durchströmen, und ihr werdet vor seiner Macht erzittern. Dann atmet tief vom Engel der Luft ein und sprecht das Wort «Leben» beim Ausatmen. Dann werdet ihr wahrhaftig zum Baum des Lebens werden, der seine Wurzeln tief in den heiligen Strom des Lebens versenkt. Und so wie der Engel der Sonne die Erde erwärmt und sich alle Lebewesen des Landes und des Wassers an einem neuen Tag erfreuen, so wird sich euer Körper erfreuen in dem heiligen Strom des Lebens, der durch euren Bruder Baum in euch einströmt.

Und wenn die Sonne hoch am Himmel steht, dann sollt ihr den heiligen Strom der Töne suchen. In der Hitze der Mittagsstunde sind alle Lebewesen ruhig und suchen den Schatten; die Engel der Erdenmutter sind für einen Augenblick still. Dann sollt ihr den heiligen Strom der Töne in eure Ohren einlassen; denn er kann nur in der Stille vernommen werden. Denkt an die Ströme, die nach einem plötzlichen Sturm in der Wüste entstehen, und an das dröhnende Geräusch der Wasser, wenn sie vorbeifließen. Wahrlich, dies ist die Stimme Gottes, wenn ihr es noch nicht wußtet. Denn so, wie es geschrieben steht, am Anfang war der Laut, und der Laut war bei Gott, und der Laut war Gott. Ich sage euch, wahrlich, wenn wir geboren werden, betreten wir die Welt mit dem Klang Gottes in den Ohren, sogar dem Gesang des weiten Chors des Himmels und dem heiligen Singen der Sterne auf ihren festgesetzten Umläufen; es ist der heilige Strom des Klanges, der die Gewölbe der Sterne durchquert und das endlose Reich des Himmelsvaters durchläuft. Er ist immer in unseren Ohren, obwohl wir ihn nicht hören. Lauscht nach ihm, in der Stille des Mittags; badet in ihm und laßt den Rhythmus der Musik Gottes in euren Ohren trommeln, bis ihr mit dem heiligen Strom des Klanges eins geworden seid. Es war dieser Ton, der die Erde und die Welt formte und die Berge hervorbrachte und die Sterne auf ihren Thron in der Herrlichkeit der höchsten Himmel versetzte.

Und ihr werdet in dem Strom der Klänge baden, und die Musik seiner Wasser werden in euch überfließen; denn am Anfang aller Zeiten waren wir alle in dem heiligen Strom des Klanges, der die ganze Schöpfung gebar. Und das mächtige Rauschen des Stroms des Tones wird euren ganzen Körper durchfließen, und ihr werdet vor seiner Macht zittern. Dann atmet tief vom Engel der Luft und werdet selbst zum Klang, auf daß der heilige Strom des Klanges euch zum endlosen Reich des Himmelsvaters trage, dort wo der Rhythmus der Welt sich erhebt und fällt.

Und wenn Dunkelheit sanft die Augen der Engel der Erdenmutter schließt, dann sollt auch ihr schlafen, auf daß euer Geist zu den unbekannten Engeln des Himmelsvaters gehe. Und in den Augenblicken, bevor ihr einschlaft, sollt ihr der hellen und prächtigen Sterne gedenken, der weißen, leuchtenden, von weitem sichtbar und durchscheinenden Sterne. Denn eure Gedanken sind vor dem Einschlafen wie der Bogen eines geübten Schützen, der seinen Pfeil überall hinlenken kann. Laßt eure Gedanken vor dem Einschlafen bei den Sternen weilen; denn die Sterne sind Licht, und der Himmlische Vater ist Licht, sogar jenes Licht, das tausendfach heller ist als die Helligkeit von tausend Sonnen. Betretet den heiligen Strom des Lichts, auf daß die Fesseln des Todes auf immer ihren Griff verlieren und, von der Bürde der Erde befreit, den heiligen Strom des Lichts durch die blendende Herrlichkeit der Sterne in das endlose Reich des Himmelsvaters erheben.

Entfaltet eure Flügel des Lichts und das Auge eurer Gedanken, erhebt euch mit den Sternen zu den entferntesten Bereichen des Himmels, wo ungenannte Sonnen im Licht aufflammen. Denn am Anfang aller Zeiten, so sagte das heilige Gesetz, laßt Licht sein, und da war Licht. Und ihr werdet eins damit sein, und die Macht des heiligen Lichtstromes wird euren ganzen Körper erfüllen, und ihr werdet vor seiner Macht erzittern.

Sagt das Wort «Licht», wenn ihr tief vom Engel der Luft einatmet, und ihr werdet selbst Licht werden; und der heilige Strom wird euch zum endlosen Reich des Himmelsvaters tragen und sich dort auflösen in dem ewigen Meer des Lichts, das alle Schöpfung gebar. Und ihr werdet eins sein mit dem heiligen Strom des Lichts, immer bevor ihr in den Armen des Himmelsvaters einschlaft.

Ich sage euch wahrlich, euer Körper wurde nicht nur zum Atmen, zum Essen und Denken geschaffen, er wurde auch geschaffen, um in den heiligen Strom des Lebens einzutreten. Und eure Ohren wurden nicht nur geschaffen, die Worte der Menschen zu vernehmen, den Gesang der Vögel und die Musik des fallenden Regens; sie wurden auch geschaffen, den heiligen Strom des Klanges zu hören. Und eure Augen wurden nicht nur geschaffen, den Aufgang und Untergang der Sonne zu sehen, das Geriesel der Getreidegarben und die Worte der heiligen Schriftrollen; sie wurden auch geschaffen, den heiligen Strom des Lichts zu sehen. Eines Tages wird euer Körper zur Erdenmutter zurückkehren, sogar eure Ohren und eure Augen. Aber der heilige Strom des Lebens, der heilige Strom des Klangs und der heilige Strom des Lichts – sie wurden niemals geboren und können niemals sterben. Betretet die heiligen Ströme, auch jenes Leben, jenen Ton und jenes Licht, das euch erschuf, auf daß ihr im Reich des Himmelsvaters ankommt und eins mit ihm werdet, so wie sich ein Fluß in das entfernte Meer ergießt.

Mehr kann ich nicht mehr sagen, denn die heiligen Ströme werden euch zu jenem Orte führen, an dem es keine Worte mehr gibt, und selbst die heiligen Schriftrollen können diese Geheimnisse nicht mehr festhalten.

Die Entdeckung des Friedensevangeliums der Essener

von

Edmond Bordeaux Székely

In Erinnerung an Johannes XXIII –
Sein Mitleid voller Weisheit machte ihn zum Papst «Il Papa» für Millionen. Sein schöpferischer Geist machte ihn zum Vorboten eines neuen Zeitalters.
In seinem Herzen war er ein Essener.

Vorwort

Das Friedensevangelium des Essener ist eines der ungewöhnlichsten Bücher der Geschichte. Seit vor mehr als fünfzig Jahren die erste Ausgabe erschien, wurde der Text in 17 verschiedene Sprachen übersetzt, und zahllose Ausgaben und Nachdrucke erschienen. Allein in den USA wurden in den letzten zehn Jahren über eine Million Exemplare verkauft. Trotzdem hat keiner der Verleger – und es gab viele, in verschiedenen Ländern – diese ungeheure Popularität dazu benutzt, einen finanziellen Profit herauszuschlagen. Sie alle haben – ohne Ausnahme –, motiviert durch eine Art unsichtbaren Altruismus, das Buch zu einem Preis angeboten, der es ermöglichte, den Inhalt des Essener Evangeliums jedem Menschen verfügbar zu machen. Und in all den Jahren seit der ersten Veröffentlichung wurde für den Text niemals kommerzielle Werbung betrieben. So wie die Lehren der ersten Christen wurde diese Botschaft immer von einem Wahrheitssucher zum nächsten weitergegeben.

Inzwischen ist die Reihe der Essener Schriften vollständig veröffentlicht. So wie die Eltern den ersten Band des Friedens Evangeliums der Essener entdeckt haben, entdecken jetzt die Söhne und Töchter der religiösen Revolutionäre der vergangenen Generation die zeitlose Botschaft des Essener Evangeliums in allen vier Bänden, die schließlich jene Arbeit vervollständigen, die vor so vielen Jahren in den Geheimarchiven des Vatikan begann.

Was ist nun dieser rätselhafte Magnetismus, der so viele junge Geister anzieht, die genug haben von den orthodoxen Praktiken der konventionellen Kirchen? Was bringt die Christusabtrünnigen nur zu dem lebenden Jesus, dem Essener? Die Antwort mag in dem liegen, was mir einmal ein Besucher in meinem Wohnsitz im Waldgebiet von British Columbia sagte, als ich gerade an der Übersetzung des zweiten und dritten Bandes des Essener Evangeliums arbeitete.

Seine Augen strahlten, als er sagte: «Niemand kann meine Verlassenheit ermessen, die ich nach dem Austritt aus der Kirche erfuhr. Mein logisches Denken konnte nicht länger die leeren Rituale und die Märchengläubigkeit akzeptieren. Als ich mich von Christus abwandte, fiel ich Nietzsche und seiner Philosophie in die Arme und wurde ein überzeugter Atheist. Aber es war ein leerer Triumph; mein Herz verlangte nach etwas größerem, als ich selbst war, und die Vernunft allein konnte das Bedürfnis nach Verehrung nicht stillen. Dann las ich das Friedens Evangelium der Essener. Die Wahrheit leuchtete golden aus diesen Seiten. Ohne daß es mir gesagt worden war, wußte ich, daß dies der wahre Christus ist, und was er zu lehren hatte, war Nahrung für meine Seele und für meinen Geist. Die Logik und die Liebe waren in einer wunderbaren Einheit verschmolzen, und ich spürte, daß ich endlich doch noch meine Heimat gefunden hatte.»

Sein Gesicht betrachtend, voller Liebe und leuchtendem Eifer, konnte ich nicht umhin, mich an die Zeilen eines Lieblingsgedichts meiner Jugend zu erinnern:

«Ich hatte vergessen, daß mein Körper heilig ist, weil er in dem weißen Fluß der ewigen Ordnung gewaschen ist: Wunder der Wunder!»

Für dieses Buch wünsche ich nur das Wunder, daß der Leser ebenso in diesen ewigen weißen Fluß steigt und getauft wird durch die uralte Wahrheit der Essenerоffenbarung.

E.B.S.
San Diego, Kalifornien, 1975

Einleitung

In diesem Buch sind viele Worte dem hl. Franziskus gewidmet, und dies hat seinen Grund.

Neben all seinen übrigen Attributen war er die letzte Personifizierung des Geistes der Essener. Als ein sanfter Troubadour Gottes vermittelte er seine Botschaft der Liebe, der Reinheit und der Einfachheit; kein anderer hat den Geist der Essener so vollständig repräsentiert.

Seit dem Herannahen des Industriezeitalters stellen die geistigen Dinge eine immer kleiner werdende Realität in unserem menschlichen Leben dar, bis wir heutzutage schließlich vollständig vergessen haben, daß wir von der Mutter Erde und dem Vater des Himmels abstammen. Der Gott des 20. Jahrhunderts ist die Technologie, deren riesige Maschinerien vollständig von begrenzten Energiequellen abhängig sind; wir haben einen computerisierten Gott programmiert, der materielle Dinge produziert, die wir zum größten Teil nicht benötigen und die häufig sogar schädlich sind.

Ein gutes Beispiel für unsere verschobenen Prioritäten in den letzten Jahrhunderten kann die Reaktion der Welt auf die Entdeckung der Schriftrollen aus dem Toten Meer im Jahre 1945 geben. Es stimmt, eine große Aufregung herrschte. Aber es war die Aufregung über einen archäologischen Fund und nicht die der Feierstunde einer spirituellen Wiedergeburt. Die Unzahl der Bücher und Artikel über die Entdeckung behandelte ausschließlich trockene technische Details und verworrene theologische Begründungen, durchsetzt mit Kommentaren zu den Kommentaren, die von einer Fußnote nach der anderen unterbrochen waren.

Was ist mit uns geschehen? Es gab eine Zeit in unserer Vergangenheit, als sogar die Luft von Wunderbarem geradezu barst, als die Vögel die Lieder des Mysteriums sangen, als es möglich war, einen Heiligen barfuß auf der staubigen Straße anzutreffen und zusammen mit seinem Geist in die unbekannten Bereiche der Heiligkeit aufzuschwingen. Drogen und selbstzerstörerische Techniken verschaffen uns heute eine Euphorie, und die Religion ist zum großen Teil eine Angelegenheit von Pflicht und Rechtschaffenheit, die jeden Sonntagmorgen um 11 Uhr auf dem Programm steht.

Dieser Zustand des Staunens und der Ehrfurcht vor dem Wunder des Lebens, der in der Bruderschaft der Essener am Toten Meer so strahlend gegenwärtig war und der sich mit dem letzten Essener, dem hl. Franziskus, verflüchtigte, entzündete sich bei mir wieder, als ich das Essener Evangelium entdeckte. Es ist ein Buch der Wunder, nicht nur wegen der Weisheit und der Führung, die auf diesen Seiten gegeben wird, sondern weil es leuchtet und glänzt in dem Geist der vergangenen Zeitalter, als die Entfernung zwischen Mensch und Gott noch nicht so groß war und als die ganze Natur mit der Stimme der Engel sang.

Das Essener Evangelium ist nicht das einzige Manuskript dieser Art in den Archiven des Vatikans. Dort findet man die Evangelien von Matthäus, Barnabas, Johannes, Peter und Thomas, die die Manichäer benutzten, zusammen mit dem *Essener-Buch der Genesis,* dem *Canto Christus,* der *Physiologie,* von den «Essener Herätikern» verfaßt und dem Ambrosius zugeschrieben, die Pamphlete des Tertullian und die Manuskripte von Simon, dem Magier. Alle diese Manuskripte wurden als apokryph verworfen und «auf alle Ewigkeit verdammt», zusammen mit ihren Verfassern und Anhängern.

Es gab Zeiten, in denen die Veröffentlichung einer dieser unbekannten Schriften eine ungeheure Aufregung bei den Wahrheitssuchern und erzürnte Kontroversen zwischen den engagierten Theologen verursacht hätte. Heute überrascht uns nichts mehr. Nichts schockiert uns noch. Seit der ersten Atomexplosion, seit der Erkenntnis, daß das Leben am Rande der Vernichtung steht, hat sich unsere Ansicht über das Leben und den Tod unwiderruflich geändert. Aufgrund der Gewöhnung an die tägliche Gewalt und den Terror in irgendeinem Teil der Welt erscheinen Streitgespräche über die Echtheit eines apokryphen Textes unwichtig und uninteressant. Aber Fatalismus und Gleichgültigkeit werden niemals das Problem lösen, wie die Weltkatastrophe verhindert werden kann. Wir haben die Pandorabüchse der Atomenergie geöffnet; wir können auch mit dem Schlüssel der Wahrheit das verborgene

Schatzhaus der uralten Weisheit öffnen, die darauf wartet, in vergessenen Manuskripten, auf alten Papierrollen oder in dem unbekannten Wissen in uns selbst entdeckt zu werden. Wir müssen unseren Standort in dem Weltbild wiederentdecken, unsere ureigene Rolle als Partner des Schöpfers; wir müssen beim Säen und Ernten helfen und die Erde wieder in einen Garten verwandeln.

Wir müssen selbst das Evangelium der Essener entdecken. Wir müssen den hl. Franziskus in unserem Herzen singen lassen.

Die Quelle

Sie lebten in der Wüste, an den Ufern des Sandmeers. Sie kamen in diese verdörrte Einöde, weil sie nicht so grausam war wie die Verfolgungen durch ihre Mitmenschen. Dort pflanzten sie einen Garten, der viele hundert Jahre lang wuchs und gedieh. Sie hüteten das älteste Wissen und den größten Schatz der Heiligkeit, den die Welt je besessen hatte. Sie waren die Bruderschaft der Essener.

Sie waren ihres Ursprungs nicht gewiß, so verloren in der Zeit war die Erinnerung ihres Anfangs. Moses war einer von ihnen gewesen und die Propheten der Alten. Die Kinder des Lichts aus dem alten Sumerien waren ihres Blutes und die Heiler und Lehrer des Altertums vor der Sintflut. Die Bruderschaft hat es immer gegeben.

Als sie ihren Garten in der Wüste gepflanzt hatten, bewässerten sie ihn mit liebevoller Sorgfalt. Sie erhoben sich bei Sonnenaufgang, um mit den Engeln der Erdenmutter zu sprechen und deren mannigfache Geschenke zu betrachten. Sie priesen die Engel der Sonne bei deren Aufstieg und Abstieg, und sie sammelten den Morgentau von den Wüstenpflanzen, um den Engel des Wassers an die dürrsten Orte der Welt zu bringen. Sie lasen im Buch der Erdenmutter und gebrauchten die Erkenntnisse, die sie daraus gewannen, um die vollständige Harmonie mit ihrer Umgebung zu erreichen. In der Dämmerung sprachen sie mit den Engeln des Himmelsvaters, und sie lernten aus dem Gesetz, wie der Kuß des Friedens auf die Stirne derjenigen, die sie der Heilung und Hilfe wegen aufsuchten, gebracht werden konnte. Sie lehrten das heilige Gesetz; sie schrieben es mit endloser Geduld auf Rollen, damit es dort verewigt werde. Sie schrieben Lieder der Lobpreisung, der Freude, des Leids. Sie teilen die Freuden und die Kümmernisse der Menschen auch dann, wenn diese übermenschlich scheinen.

Sie sandten Heiler aus. Und einer von diesen war Jesus, der Essener. Er wandelte unter den Kranken und Bedrückten, und er brachte ihnen das Wissen, sich selbst zu heilen. Einige, die ihm folgten, schrieben nieder, was zwischen ihm und den Leidenden geschah. Die Alten der Bruderschaft machten aus den Worten Gedichte; und sie machten damit die Geschichte von dem Heiler der Menschen, dem guten Hirten, unvergeßlich. Und als schließlich die Zeit kam und die Brüder die Wüste verlassen mußten, um an einen anderen Ort zu ziehen, blieben die Schriftrollen als verborgene Posten, als vergessene Wächter der ewigen und lebendigen Wahrheit zurück.

Eine dunkle Zeit begann, eine Zeit der Grausamkeit, der Barbarei, der Bücherverbrennung, des Aberglaubens, der Huldigung leerer Götzen. Der sanfte Jesus war für immer verloren im Abbild des gekreuzigten Gottes, die Essenerbrüder verbargen ihre Lehren in dem Geist weniger, die sie für die Nachkommen bewahren konnten, und die Schriftrollen über das Heilen lagen verlassen unter den sich bewegenden Schatten der Wüste.

Der Fluß

Er wurde in der Mitte des vierten Jahrhunderts in Stridon, dem heutigen Jugoslawien, geboren. Seine Eltern waren wohlhabend, und mit zwölf Jahren schickte man ihn nach Rom, um seine Ausbildung fortzusetzen. Dort studierte er lateinische Literatur und verbrachte seine Freizeit damit, die Katakomben zu durchforschen, die für ihn eine geheimnisvolle Anziehungskraft enthielten. Bevor er Rom verließ, wurde er auf den Namen Hieronymus getauft, im Namen derselben Kirche, die ihn eines Tages zum Heiligen ernennen sollte.

Hieronymus verbrachte die folgenden zwanzig Jahre mit Reisen. Sein rastloser Geist suchte nach Antworten, die ihm die formale Bildung nicht vermitteln konnte. Schließlich ging er, wie so viele Wahrheitssucher vor ihm, in die Wüste. Er zog viele Jahre lang durch Cilicien, erlernte neben Latein noch Griechisch und Aramäisch, ebenso wie Beten und Fasten. Er lernte Hebräisch von jüdischen Einsiedlern und Rabbinern, die in den verstreuten Wüstenstädten lebten. Er fand in ihrem Besitz Fragmente alter Manuskripte, und mit seinen Hebräischkenntnissen begann er sie zu entschlüsseln. Als er mehr und mehr Manuskripte fand, begann sich das gedankliche Bild einer großen Wahrheit vergangener Jahrhunderte zu formieren, einer Wahrheit, die bis zum

Beginn der Geschichte zurückging. Er las in geheimnisvollen hebräischen Briefen von einer alten Bruderschaft in der Wüste, die nach dem Gesetz der Gesetze lebt, deren Leben in vollkommener Harmonie mit Himmel und Erde war. Die Brüder erfreuten sich vollkommener Gesundheit und lebten länger als gewöhnliche Menschen. Sie heilten Kranke, belehrten die Unwissenden und strahlten eine ungewöhnliche Heiligkeit aus.

Nicht weit von seinem versteckten Tal mit Dattelpalmen und einem alten Brunnen lebte eine Gruppe von Einsiedlern, und Hieronymus war sicher, daß diese von der mysteriösen Bruderschaft aus vergangenen Jahrhunderten abstammte. Sie lebten in kleinen Hütten mit bewässerten Gärten und kleinen Buchgestellen auf ihren Fensterbrettern. Sie aßen die Früchte der Dattelpalmen und die Kräuter aus ihren Gärten. In der Wüste orientierten sie sich an den Sternen, die sie in der klaren Atmosphäre der Wüste beobachteten, wachten bei Sonnenaufgang auf und gingen bei Dämmerung zur Ruhe, indem sie jedesmal mit den Engeln sprachen und den Himmelsvater anbeteten. Und auch sie hatten Fragmente alter Manuskripte in ihrem Besitz, die jene Lehren enthielten, nach denen sie ihr Leben ausrichteten. Hieronymus schrieb an einen Freund: «Judei habent veritatem» – die Juden besitzen die Wahrheit, und jetzt besaß auch Hieronymus die Wahrheit.

Als Folge eines religiösen Zwistes verließ er die Wüste und ging nach Antiochia, besuchte dort die Nazarener von Beroea, um dort die Kopie eines hebräischen Evangeliums zu studieren, das angeblich echt war. Sein Ruhm als hebräischer Gelehrter wuchs, und während dieser Zeit übertrug er vierzehn Lehrpredigten des Jeremias, vierzehn weitere des Hesekiel und neun aus dem sechsten Kapitel des Jesaja ins Lateinische. Dann rief ihn wieder die Wüste; er packte seine Bücher zusammen und kehrte in die Einsiedelei zurück. Innozenz, Heliodorus und eine Gruppe junger Anhänger begleiteten ihn. In dieser Zurückgezogenheit erreichte ihn die Vorladung nach Rom.

Papst Damasus, der später als der heilige Damasus kanonisiert wurde, war ein Dichter und Archäologe und der Begründer der päpstlichen Bibliothek. Er liebte illuminierte Bücher und schrieb seine Manuskripte in selbstentworfenen Lettern. Aber der wichtigste Dienst, den er unserer Kultur erwies, war seine Einladung an Hieronymus, die geliebte Wüste zu verlassen und sein Privatsekretär zu werden. Denn als der Papst Hieronymus' profundes Wissen der Manuskripte des ersten Jahrhunderts erkannte, ernannte er diesen nicht nur zum päpstlichen Sekretär, sondern übertrug ihm auch die zusätzliche Aufgabe, das Neue Testament zu übersetzen.

Nach Meinung des Papstes waren die lateinischen Übersetzungen des zweiten Jahrhunderts durch die fortwährenden Übertragungen und Neuabschriften durch die Schriftgelehrten «voller Fehler und zweifelhafter Passagen», und dies in einem Ausmaß, daß jede Abschrift eine unterschiedliche Version aufwies. Jetzt lenkte Hieronymus seine volle schöpferische Kraft auf diese Materialfülle, und unter der Schutzherrschaft von Papst Damasus beendete er nicht nur die Neufassung und die Vervollständigung der Evangelien, sondern übersetzte auch Psalter der Septuaginta, das Hohelied, die Sprüche und den Prediger Salomo. Er übersetzte ebenfalls das Buch Judith, das Buch Tobias und eine Anzahl «apokrypischer Dokumente». Unter diesen waren auch die alten hebräischen und aramäischen Fragmente von Schriften, die er schon so lange und geduldig gesammelt hatte. Die letzteren waren es auch, die einen Sturm von Kritik und Verleumdung auslösten.

Hieronymus schrieb an Papst Damasus: «Wie weit kann ich die Sprache dieser Schrift korrigieren, sie bis zu den Tagen ihrer Entstehung zurückführen? Gibt es einen Christen, gelehrt oder ungelehrt, der mich nicht mit bösen Worten beschuldigen und mich einen Fälscher und Gottlosen nennen wird, weil ich die Dreistigkeit besitze, den alten Manuskripten etwas hinzuzufügen oder Korrekturen einzufügen?» Seine Worte waren prophetisch. Zu Lebzeiten von Papst Damasus wurde die Richtigkeit von Hieronymus' Übersetzungen nicht angezweifelt. Aber mit dem Tod seines Schutzherrn und unter dem Druck seines großen Gegners, des heiligen Augustinus, erhoben sich die Stimmen gegen ihn, schwollen an zu einem Aufruhr. Hieronymus' Übersetzungen wurden von den griechischen Gemeinden denunziert, und der Bischof war gezwungen, das Zeugnis der jüdischen Ortsansässigen einzuholen. Die Mehrzahl dieser war auf Seiten Hieronymus', aber der fortwährende Tumult war zuviel für den friedlichen Philosophen, und im August 385 verließ er schweren Herzens «Babylon» und machte sich auf den Weg ins Heilige Land.

Wieder folgte er dem «Ruf der Wüste zum Ewigen Leben», und er suchte weiter nach hebräischen Fragmenten; die Geschichte der Essenerbruderschaft vervollständigte sich. Er setzte seine Arbeit in Bethlehem fort, arbeitete unter anderem an einer lateinischen Übersetzung des Alten Testaments, der Chroniken, des Buches Hiob und an koptischen Askeseschriften. Er leitete die Gründung eines Klosters, in dem er versuchte, einige Aspekte des Essenerweges in die Praxis umzusetzen. Bis zu seinem Tode suchte er unermüdlich nach der Wahrheit, sein Durst nach einem allumfassenden Wissen war nie gestillt.

Nach dem Tod des heiligen Hieronymus zerstreuten sich seine Manuskripte, darunter auch seine hebräischen und aramäischen, aber einige kamen in die Geheimarchive des Vatikans und schließlich ins Kloster von Monte Cassino in Verwahrung. Der Fluß ging in den Strom über.

Der Strom

Der heilige Benedikt, Schutzheiliger von ganz Europa, wurde ungefähr im Jahre 480 in Nursia in der Nähe des heutigen Spoleto in Umbrien geboren. Seine ländliche, aber gebildete Familie sandte ihn nach Rom, um dort ausgebildet zu werden und eine berufliche Laufbahn einzuschlagen. Aber die Korruption der dekadenten Kaiserstadt schockierte ihn zutiefst, und er zog sich als Einsiedler in die Gegend von Subiaco zurück. Später fand er eine Höhle in den Felsen neben einem See in der Nähe der Ruinen von Neros Palast. Die Legende erzählt, daß Raben ihm die Nahrung besorgten, aber es ist wahrscheinlicher, daß ihn Romanus, ein Mönch aus einem der zahlreichen Klöster aus der nahen Umgebung versorgte.

Irgendwann auf seinem Weg der Wahrheitssuche entdeckte der junge Benedikt die Übersetzungen der geheimnisvollen hebräischen Fragmente, die der heilige Hieronymus angefertigt hatte – genau wie Hieronymus vor so vielen Jahren auf seiner Wahrheitssuche auf das Original gestoßen war. Das Leben dieser Essener im ersten Jahrhundert muß dem jungen Einsiedler wie eine herrliche Vision erschienen sein angesichts seiner Qual wegen des bedrohlichen Weltchaos, das vor ihm lag. Ein blühender Strauch des ewigen Lebensbaumes schlug Wurzeln, wuchs und gedieh in seinem Geiste. Die Bruderschaft der Essener gewann Gestalt in den heiligen Regeln des Benedikt, einem Meisterwerk der Ordnung und Einfachheit, das sich zu einem Klostersystem entwickelte und schließlich die westliche Kultur vor dem Untergang im dunklen Mittelalter bewahrte. Allein in seiner Höhle fühlte er sich selbst als Brücke zwischen zwei Welten: dem sonnendurchdrungenen Strahlen und der Ordnung der Brüder aus der alten Zeit, deren Leben in Harmonie mit der Natur und dem Kosmos war, und der anderen barbarischen und schlimmen Zeit, die wie eine Kluft vor ihm lag und die vom Menschen geschaffene Weisheit und Schönheit zu verschlingen und zu ersticken drohte. Benedikt setzte alles daran, um dies zu verhindern, und forderte die Essenerbrüder der Vergangenheit auf, ihm dabei zu helfen.

Schüler begannen sich um ihn zu scharen. Er verließ seine Höhle und gründete zwölf Klöster, jedes mit zwölf Mönchen. Sein Ruhm wuchs und gleichzeitig die unvermeidlichen Versuche, ihn zu vernichten. Wie er sich von Rom abgewandt hatte, so ließ er auch die Intrigen hinter sich, und mit einigen Schülern richtete er seine Augen auf die Spitze des Hügels, der sich oberhalb von Cassino erstreckte und zwischen Rom und Neapel lag.

Monte Cassino war dazu ausersehen, eine schöne, organisierte Festung der Sicherheit und Ordnung inmitten des Chaos des Angriffs, der Orientierungslosigkeit und der Verwirrung zu werden. Neben dem Vatikan sollte es zu einem der zwei magnetischen Pole der westlichen Zivilisation werden. So wie die Essener das heilige Gesetz während der verworrenen Zeiten des ersten Jahrhunderts behüteten, so behüteten und bearbeiteten auch die Benediktinermönche in ihren Skriptorien, die die Funktion eines mittelalterlichen Verlagshauses innehatten, die Werke von Cicero, Seneca, Tacitus, dem heiligen Hieronymus und dem heiligen Augustinus, Philo von Alexandrien, Josephus Flavius und vielen anderen mehr, – alle, die sonst unter den Fußtritten der Krieger, die schon sehr bald Europa auseinanderreißen sollten, zermalmt worden wären.

Vom höchsten Punkt in Monte Cassino konnte man das ganze grüne Tal von Iri überblicken. Das Kloster selbst bestand aus einer Festungsanlage, einem heidnischen Tempel und einem heiligen Hain. Monte Cassino und die übrigen Benediktinerklöster waren wirtschaftlich unabhängige, in sich geschlossene abgeschiedene Städte, die sehr wohl den Unruhen der Welt standhalten konnten. Innerhalb ihrer Enklaven standen alle Lebensnotwendigkeiten zur Verfügung: Wasserstellen, Gemüsegärten, Obstgärten, Getreidefelder, Backöfen (die Mönche buken genauso selbstverständlich ihr eigenes Brot, wie sie laufend Abschriften ihrer Bücher anfertigten), Arbeitsmaterialien für Künstler und Handwerker, ebenso wie eine Bibliothek mit einer großen Anzahl Bücher und Manuskripten, die im Skriptorium studiert und gelesen wurden.

Aber von all den verschiedenen Aspekten der Essener, die sich in der Benediktinerwelt widerspiegelten, war die Regula Santa – die Heilige Regel – wohl der schönste und dauerhafteste Aspekt. Es war ein höchst logischer und praktischer ethischer Kodex für das Zusammenleben der Mönche und erwies sich als ungeheuer wohltätig und nützlich. In praktisch jedem Teil spiegelt diese Regel – dem Mittelalter angepaßt – den Lebensweg der Essenerbruderschaft wider. Alle Besitztümer gehörten dem Kollektiv. Der Abt, von den Mönchen auf Lebenszeit gewählt, hatte höchste Macht, aber er war verpflichtet, den Rat der Ältesten einzuholen; seine endgültige Entscheidung in jeder Angelegenheit fiel zwischen ihm selbst und Gott. Somit repräsentierte er sowohl den Menschen als auch den Schöpfer, wie sie beide in dem niemals endenden Schöpfungsakt zusammenarbeiten. Er ernannte seine eigenen Offizianten – Prior, Novizenmeister, Gästemeister und auch alle anderen – und obwohl jede Einzelheit des Verhaltens präzise beschrieben und niedergelegt war, durchfließt ein gewaltiger Strom der Menschlichkeit, der brüderlichen Liebe die Regel, und gerade dieser Aspekt ist einzigartig im Vergleich zu all den Mönchs- und Religionsregeln des Mittelalters und beweist die Verbindung zu den Traditionen der Essener. Die weise Ausgeglichenheit zwischen Gebet, Arbeit und Studium – ora et labora – die Pflege des Körpers, die Zeit klug eingeteilt in Ruhezeiten, Übungen und gute Ernährung, die Betonung der Garten- und Feldarbeit, die Liebe zur Musik und Kunst und vor allem die Höflichkeit gegenüber jedem Gast, so als wäre er der Herr selbst – all dies ist dem Leben der Bruderschaft am Toten Meer verwandter als dem mittelalterlichen Europa. Der Charakter Benedikts leuchtet durch alle Worte seiner Regel: Weisheit, gemäßigt durch Liebe; Ordnung und Autorität, gemäßigt durch Mitleid.

Eine nach Rom gesandte Kopie der Regula Santa ging verloren, aber eine handschriftliche vom Heiligen selbst geschriebene Kopie blieb in Monte Cassino. Während der Invasion in der Lombardei flohen die Mönche mit dieser Orginalkopie, einem Pfundgewicht für Brot und einem Maß für Früchte (die Mönche bekamen täglich ein Pfund Brot, ein Viertelpfund Früchte und einen halben Liter Milch zugeteilt) nach Rom. All diese Relikte wurden in der Mitte des 8. Jahrhunderts von Papst Zacharias nach Monte Cassino zurückgebracht. Im 9. Jahrhundert wurden viele Manuskripte von den plündernden Sarazenen vernichtet. Ein übriggebliebenes Fragment der Regula Santa überlebte bis zu den Napoleonischen Kriegen, als dann das letzte Originalpergament des heiligen Benedikt verlorenging.

Einige wichtige Fragmente blieben dennoch erhalten und legen Zeugnis ab von den ursprünglichen Traditionen der Essener, wie sie von dem heiligen Hieronymus, diesem unermüdlichen Übersetzer so vieler Texte des 1. Jahrhunderts, niedergeschrieben worden waren. Der ursprüngliche Essener Gruß, «Friede sei mit Dir», wurde zu «Suche den Frieden und strebe ihm nach». (Prolog)

Das höchste Gesetz des Essener Evangeliums, «Liebe deine Brüder, denn dein Himmelsvater ist die Liebe, denn deine Erdenmutter ist die Liebe, denn der Sohn der Menschen ist die Liebe», wurde benediktinisch ausgedrückt: «Zuerst lieben wir den Herrgott aus tiefstem

Herzen, aus tiefster Seele, aus tiefster Kraft und dann unseren Nachbarn, so wie uns selbst.» (Kap. 4)

Die Essenerlehre über den Himmelsvater und seine Engel und ihre Lobpreisung und Führung zum harmonischen Leben mit ihnen: «Und so werden seine Engel wissen, daß du auf seinem Weg wandelst», stellte sich nunmehr in dieser Warnung dar: «Laßt uns darum gut darüber nachdenken, wie wir uns vor den Augen Gottes und seinen Engeln verhalten, und so steht auf, um die Psalmen zu singen, damit unser Geist mit unserer Stimme in Harmonie sei.» (Kap. 19)

Das Gemeinschaftsleben und die Arbeit der Essenerbruderschaft, die so schön von Josephus, Philo und Plinius beschrieben wurden, drückten sich deutlich in Kap. 48 der heiligen Regel Benedikts aus: «Dann sind sie wahre Mönche, wenn sie durch ihrer Hände Arbeit leben, wie es unsere Väter und die Apostel taten.»

Die göttliche Lehre war die universelle Führung für die Ältesten der Essener, die Höchsten jeder Gemeinschaft, und die gleiche göttliche Liebe durchdringt den Rat des Benedikt an den Abt in Kap. 64: «Laßt ihn alle Dinge so ausrichten, daß die Starken nach etwas streben können und die Schwachen nicht beunruhigt sind.»

Die grundlegende Lehre des Essenerevangeliums: «Und liebe deine wahren Brüder, so wie dein Himmlischer Vater und deine Erdenmutter sie lieben», wird in Kap. 72 der heiligen Regel so ausgedrückt: «Laßt sie die gemeinsame Liebe keusch als Brüder pflegen. Laß sie Gott lieben und fürchten. Laß sie ihren Abt mit aufrichtiger und demütiger Güte lieben. Laß sie gar nichts vor Jesu stellen, und möge er uns alle im Ewigen Leben zusammenführen.»

Der heilige Benedikt schrieb in seiner heiligen Regel, daß immer Gäste in seinem Kloster sein sollten, und machte daraus in Kap. 53 eine Regel: «Alle Besucher, die vorbeikommen, sollen willkommen geheißen werden – so als wären sie Jesu selbst.» In mehr als tausend Jahren, die nun seit der Gründung des Klosters in Monte Cassino verstrichen sind, haben sich diese Worte als wahr erwiesen. Besucher finden immer eine Atmosphäre des siebenfachen Friedens vor, eine Einladung zur Gemeinschaft mit den Engeln innerhalb der immerwährenden göttlichen Anwesenheit in einer lebendigen Gemeinschaft.

Es grenzt ans Wunderbare, daß die Klöster des heiligen Benedikt zum größten Teil relativ unberührt blieben von den vielen Kriegen, die außerhalb ihrer friedlichen Mauern geführt wurden. Selbst im Jahre 1943 waren die deutschen Behörden so freundlich, den Abt von Monte Cassino zu warnen, daß in wenigen Tagen das Kloster im Mittelpunkt einer wilden Entscheidungsschlacht mit furchtbaren Artilleriegefechten stehen würde. Unter der Leitung des Abtes schufen Hunderte von Mönchen provisorische Holzbehälter und verpackten die unbezahlbaren Manuskripte, Schriftrollen und chiffrierten Texte, die zu den griechischen und römischen Klassikern zählen, die wichtigsten Arbeiten der Kirchenväter und Scholastiker und mehr als 40.000 unschätzbare Pergamente.

All diese Materialien fanden in den Geheimarchiven des Vatikans Schutz und Sicherheit.

Einer der einzigartigsten und außergewöhnlichsten Menschen in der Geschichte war der heilige Franziskus. Er ist einer der wenigen katholischen Heiligen, den man nicht auf eine Religion oder Philosophie einschränken kann: er gehört der ganzen Welt.

So wie der junge Prinz Gautama Buddha sein väterliches Königreich verließ, um die Wahrheit in den Wäldern des alten Indien zu suchen, so erfaßte auch Franziskus bereits in jungen Jahren die Nichtigkeit und Hoffnungslosigkeit der materialistischen Welt, die auf Neid und Egoismus fußt. Beide erkannten, daß es angesichts des Meeres menschlicher Leiden am wichtigsten ist, dieses Leiden zu heilen. In diesem Ansatz ist sowohl zeitlose Weisheit als auch moderne Nützlichkeit zu finden. Wenn dein Haus in Flammen steht, so sagte Buddha, muß man zuerst einmal das Haus verlassen. Dies tat der junge Franziskus und verließ das väterliche Schatzhaus, nackt und ohne Habe, um sich der Einfachheit zu weihen, dem Schatz der Armen, und um all denen ein unvergeßliches spirituelles Festmahl zu gewähren, die ihm auf seinen Wanderungen in Italien begegneten.

Der junge Buddha und der junge Franziskus waren wie ein Wetterleuchten am dunklen Himmel der Menschheit, die sich hoffnungslos verstrickt in Unwissenheit,

Gewalt und im Drang nach selbstzerstörerischen Vergnügen. Mit unsagbarem Mitleid schauten sie auf die Söhne der Menschen, die immer diesem unersättlichen Verlangen des Fleisches ausgesetzt sind, immer ihre Gesundheit und ihren Seelenfrieden in einem Sumpf von vergänglichen Besitztümern ruinieren.

Und so wie der Blitzstrahl die Erde mit blendender Klarheit erhellt, so milderte ihr Leben in Einfachheit und Reinheit das Leiden und die Unwissenheit, die sie umgab. Beide errichteten das wahre Königreich des Geistes in ihren Herzen und vereinten die Kräfte des Lebens gegen die Kräfte des Todes.

Es ist nicht verwunderlich, daß die heutige Jugend beide spirituellen Größen als verwandte Geister entdeckt hat, denen sie bedingungslos vertrauen können. Sie sehen einen revolutionären Geist, dem ihren ähnlich, der auch ihre eigene Enttäuschung über die sterile, stereotype Ziellosigkeit der pompösen Herrschaft der Politik und des Geldadels, die auf rigider Autorität und der Verehrung des goldenen Kalbes beruht, einschließt. Beide repräsentieren für die heutige Jugend Hoffnung und Rückkehr zu der unvergänglichen Spiritualität der Seelen und der Einfachheit der Natur; beide stellen die letzte Chance der Flucht vor dem immer größer werdenden Abgrund der Menschheitsvernichtung dar.

Der heilige Franziskus war der Ozean für den Strom des heiligen Benedikt, den Fluß des heiligen Hieronymus, die verborgene Quelle der Bruderschaft der Essener. Das, was er darstellte, ist hier von Bedeutung, nicht das, was er entdeckte. Franziskus mußte nicht nach heiligen Schriftrollen suchen; das Wort Gottes war in seinem Herzen eingraviert. Er war die spirituelle Inkarnation derjenigen, die die Schriftrollen verfaßten, eine Synthese aller Essenerbrüder. Er sang für seine geliebten Vögel über die Engel der Sonne, des Wassers, der Freude und des Friedens. Er trug keine Schuhe, damit er die Erdenmutter unter seinen Füßen spüren konnte. Er schlief nachts im Freien, ganz gleich, wo er bei Anbruch der Nacht auch war, denn die kostbaren Sterne seines Himmelsvaters würden seinen Kopf bescheinen, ganz gleich, wo er sich auch hinlegen würde. Seine Regel war einfach: «Den Lehren Jesu folgen und in seine Fußstapfen treten». Und niemand in der ganzen Geschichte hat dies mit solch freudiger Ausdauer getan. Durch die Städte und Dörfer Italiens zog er, so wie seine Essenerbrüder vor über tausend Jahren durch Galiläa gezogen waren, die Kranken heilend, die Unwissenden belehrend und die Botschaft der Liebe und des Mitleids mit all denen teilend, die zuhörten.

Mehrmals verbrachte er eine Zeitlang mit den Benediktinermönchen, dort, wo das reine und einfache Leben in Armut, Keuschheit und Gehorsam die Regeln für seine Mönche inspirierte. Und wenn er und seine Einsiedler am Morgen erwachten, erhoben sie ihre Arme zur Sonne, zum Regen und dem Wind, mit der gleichen Inbrunst, die auch ihre Essenerbrüder am Toten Meer vor so vielen Jahrhunderten auszeichnete. Der Lobgesang an die Sonne und das Evangelium der Essener sind in ihrem Wesen identisch; die Ehrfurcht vor dem Leben, die dem Geist der Essener eignet, überlieferte sich unbeschadet durch die Jahrhunderte.

Er besaß keine Gelehrsamkeit, kein Bücherwissen und Ansehen. Aber er zog aus dem ewigen Meer der Weisheit und der Liebe ein Übermaß an spiritueller Kraft, die es ihm erlaubte, die erlahmte Kirche zu erneuern. Er hatte den Schlüssel, die Ewigkeit zu öffnen. Und geöffnet hat er sie, mit seinen Armen, die sich allen Wesen Gottes, all seinen Brüdern und Schwestern entgegenstreckten. Für ihn war die ganze Natur ein Spiegel Gottes und der Mensch der gesegnetste von allen, mit der Kraft der Erde in seinen Gliedern und dem Licht des Himmelsvaters auf seiner Stirn. Mit unbedingtem Glauben und freudigem Mut schuf der heilige Franziskus eine Oase des Lichts in dem trüben, toten Meer des Mittelalters.

Er war nicht nur ein wiedergeborener Essener – er war die Erfüllung des Friedensevangeliums der Essener.

Meine lateinische und griechische Ausbildung im Piaristenorden

«Cognoscere est cognoscere causas» – «Zu wissen, heißt vom Ursprung wissen», sagt der römische Philosoph Lukrez. Und so werde auch ich bei den Anfängen beginnen.

Es begann mit einer Art Potsdamer Vereinbarung zwischen meinem Vater, einem Siebenbürger Unitarier und meiner Mutter, einer französichen Katholikin. Man kann sich nur über die Stärke ihrer Liebe wundern, die sie zusammenhielt, obwohl ihr religiöser Glauben Lichtjahre voneinander entfernt war. Ein Vorfahr meines Vaters war der Mitbegründer des Unitarismus in Siebenbürgen (Rumänien), ein guter Freund von Francis David, der sein revolutionäres Buch *Die Einheit Gottes* schrieb, während der Vorfahr meines Vaters die erste «Universalgeschichte» in Mitteleuropa verfaßte. Beide benutzten die gleiche Druckmaschine, die sie aus Deutschland mitgebracht hatten, der eine am Tage, der andere in den Nachtstunden. Im Gegensatz dazu war einer meiner Vorfahren mütterlicherseits ein Kardinal von Frankreich und der Verfasser eines umfangreichen mittelalterlichen Werkes, «Die göttliche Autorität der Kirche», gewesen. Mein Vater folgte den unitarischen Prinzipien, daß man niemals etwas akzeptieren sollte, was im

Widerspruch zum gesunden Menschenverstand steht, und daß jedes Mitglied der Gemeinde die Freiheit haben solle, sich seine eigenen Vorstellungen über Gott, das Leben und das Universum zu machen. Meine Mutter glaubte hingebungsvoll an die Heilige Dreieinigkeit von Vater, Sohn und Heiligem Geist.

Dies war nur der Hintergrund der verschiedenartigen elterlichen Philosophien, als das Thema meiner Ausbildung zur Entscheidung stand. Im Geiste der Versöhnung kamen sie zu folgender Vereinbarung: zuerst sollte ich in einem katholischen Kloster des Piaristenordens unterrichtet werden, das sich auf die klassische Erziehung mit dem Schwerpunkt auf griechischer, lateinischer und geistlicher Literatur spezialisiert hatte. Dann, nach dem Abschluß der Piaristenschule, sollte ich die Universität von Paris besuchen und dort meine Ausbildung mit dem Doktortitel in Philosophie abschließen. Danach sollte ich selbst entscheiden, welchen Beruf ich ergreifen und welche Religion ich wählen wollte.

Und so begann ich mein Schulleben im Piaristenorden. Zu Beginn war es schwierig, sich an die Strenge des Piaristenlebens nach all dem Luxus unseres wohlhabenden Lebens (mein Vater besaß große Güter in Siebenbürgen und in Frankreich) zu gewöhnen: bei Morgendämmerung aufzustehen und zur Messe zu gehen, sich mit kaltem Wasser in unbeheizten Räumen zu waschen, während all der langen Tagesstunden die berühmte These des Piaristenordens «Ora et labora» –

«Bete und arbeite» zu verkörpern. Wenn wir ein Stück Brot oder nur ein Glas Wasser wollten, mußten wir die Frage in Latein stellen. Aber rückschauend bin ich ewig dankbar für diese Übung der Disziplin und Willenskraft und die Kenntnisse in klassischer griechischer und lateinischer Philologie und Literatur.

Mit achtzehn Jahren sprach ich fließend Griechisch und Latein, graduierte *magna cum laude* und wurde Abschiedsredner meiner Klasse. Zur gleichen Zeit arbeitete ich an meiner Abschlußarbeit mit dem Titel «Laß den heiligen Franziskus in deinem Herzen singen». Es war eine Arbeit der Liebe, und ich schrieb sie mühelos, ohne die geringste Ahnung, welche Ereigniskette dadurch in Bewegung gesetzt würde.

Direkt nach meiner Graduierung wurde ich ins Büro unseres Schulvorstandes, Msgr. Mondik, dem Prior des Klosters, gerufen. Als ich eintrat, schaute er von meiner Arbeit auf, die er gerade überflogen hatte, und lächelte.

«Nun, mein Sohn», sagte er, «du bist jetzt bereit, in die große und rauhe Welt auszufliegen. Bald wird dir Satan alle Versuchungen eines Lebens voll Vergnügen und Luxus zeigen. Deswegen habe ich mich entschieden, den Satan zu besiegen und dich stattdessen zu einer großen spirituellen Erfahrung zu führen. Ich habe hier für dich einen Einführungsbrief an meinen alten Schulkameraden, den Präfekten der vatikanischen Archive. Mit diesem Brief werden sich die Türen zu den Archiven für dich öffnen und du kannst alles über deinen heiligen Franziskus herausfinden, so wie du es in deiner Dissertation gewünscht hast.» Er sah die plötzliche Begeisterung in meinem Gesicht, hob seine Hand und fuhr in einem ernsteren Tone fort: «Aber, mein Sohn, es gibt da einen Preis für dieses Privileg zu bezahlen. Während deiner Studien beim Präfekten des Vatikans mußt du dich dem Gelübde der Armut, der Keuschheit und des Gehorsams der Franziskanermönche beugen und dementsprechend leben. Du mußt dich extrem einfach kleiden und leben und dich nur von Schwarzbrot, Käse, Früchten und Gemüse ernähren. Und sonst nichts. Ich weiß, deine Familie ist sehr reich, aber während dieser Zeit wirst du nicht einen einzigen Pfennig von ihnen annehmen.» Er hielt einen Umschlag hoch. «Hier drin findest du eine kleine Summe Geldes in italienischer Währung, eine Summe, die dem Gehalt des ärmsten ungelernten Arbeiters in Italien entspricht. Und genau so mußt du leben. Aber andererseits wirst du ein spirituelles Festmahl genießen, denn du wirst unter meinem Freund, Msgr. Mercati, studieren, und du hast die unerschöpflichen Schätze der Zeitalter in den Archiven und der Bibliothek des Vatikans zur Verfügung. Nun, mein Sohn, bist du gewillt, dieses große Opfer zu bringen?»

Ich war verblüfft, unfähig zu sprechen. Von Ehrfurcht ergriffen ob dieser ungeheuren Möglichkeit, konnte ich keine Worte finden, meine Dankbarkeit auszudrücken. Glücklicherweise war unser geliebter Direktor genauso einfühlsam und verständnisvoll, wie er weise und gelehrt war. Er lächelte und nickte, so als

wollte er ausdrücken, daß er wüßte, was in meinem Geiste vorging, gab mir den Umschlag und den Empfehlungsbrief und sagte: «Ich werde meinem Freund deine Dissertation über den heiligen Franziskus getrennt zusenden. Sie ist vielversprechend und ich bin sicher, sie wird ihm gefallen. Geh mit Gott, mein Sohn.»
Er gab mir seinen Segen. Ich lief betäubt in den Klosteranlagen herum und war mir nur des kostbaren Briefes in meiner Hand bewußt. (Bevor ich fortfahre, möchte ich an dieser Stelle einen Auszug aus dieser Arbeit über den heiligen Franziskus zitieren, die erst das Herz meines Schulvorstehers geöffnet hatte und danach die Türen der Archive des Vatikans. Bitte entschuldigen Sie die spirituelle Überschwenglichkeit; ich war eben erst achtzehn Jahre.)

Laß den heiligen Franziskus in deinem Herzen singen

Der heilige Franziskus

Wir sehen das Gesicht des heiligen Franziskus und sein Lächeln, wie ein Schimmer unserer ersten Liebe oder unseres verlorenen Edens. Dieses Lächeln der Dankbarkeit und Demut ist das Geheimnis einer der stärksten, ungewöhnlichsten und originellsten Gestalten der Menschheitsgeschichte. Seine Augen glühten mit einem Feuer, das ihn verzehrte, Tag und Nacht. Er liebte die Natur, wie Eltern ihre Kinder lieben, jedes ein einzigartiges und behütetes Wesen. Wenn er in einem Wald spazierenging, sah er nicht den Wald in seiner Gesamtheit, sondern er sah jeden Baum als ein alleinstehendes, fast heiliges Wesen, ein Kind Gottes und darum als einen Bruder oder eine Schwester des Menschen. Er war ein Dichter, und sein ganzes Leben war ein Gedicht. Seine Bruderschaft mit der Sonne und dem Mond, mit dem Wasser und dem Feuer ist herrlich ausgedrückt in seinem Lobgesang an den Bruder Sonne. Er sang beim Wandern in den Wiesen und ließ die ganze Leidenschaft eines Dichters gen Himmel strömen. Dieser Hymnus voller Fröhlichkeit der Jugend und Kindheitserinnerungen begleitete ihn durch sein ganzes Leben.

Lobgesang an die Sonne

Lob Dir, O Herr,
für all Deine Lebewesen
und besonders für unseren Bruder,
die Sonne, die uns den Tag gibt
und die Dein Licht verströmt;
hell ist sie und strahlend in
großartiger Herrlichkeit,
für uns ist sie dein Symbol,
o Herr.

Lob Dir, O Herr,
für unsere Schwester,
den Mond,
und für die Sterne;
Du hast sie klar geschaffen,
wunderschön und kostbar
oben in den Himmeln.

Lob Dir, O Herr,
für unseren Bruder,
den Wind,
für die Luft und die Wolken,
für den blanken Himmel und für
alle Wetter,
durch die Du Leben gibst
und die Mittel des Lebens
all Deinen Kreaturen.

Lob Dir, O Herr,
für unseren Bruder,
das Feuer,
durch den Du uns Licht in der
Finsternis gibst,
er ist wunderschön und hell,
mutig und stark.

Lob Dir, O Herr,
für unsere Schwester,
das Wasser,
das uns nützlich ist,
demütig, kostbar und keusch.

Lob Dir, O Herr,
für unsere Mutter,
die Erde,
die uns erhält und uns ernährt,
uns verschiedene Früchte gibt,
Blumen vieler Farben
und das Gras.

Anderntags schaute ich auf den See hinab. Und ich sah, daß unsere ganze Stadt auf dem Kopf steht. Wir dachten, unsere Stadt sicherer und standfester zu machen mit massiven Befestigungen und Wachtürmen und der hohen Zitadelle, die alles überschaut. Aber in dem Moment, wo man sie auf dem Kopfe stehen sieht, werden gerade diese Stärke und Macht zu dem Verwundbarsten. Die ganze Welt scheint an einem dünnen, von Gott gegebenen Faden zu hängen. – Ich sah plötzlich alles in einem neuen Licht ewiger Gefahr und größter Abhängigkeit von der göttlichen Gnade. Ich dankte Gott dem Allmächtigen inbrünstig aus der Tiefe meines Herzens, daß die Welt nicht zerrissen und in fallende Sterne zerschmettert würde!

Je weniger der Mensch an sich selbst denkt, desto mehr denkt er an sein Glück und an all die wunderbaren Geschenke Gottes. Denn es gibt für den Menschen keinen Weg, einen Stern oder einen Sonnenuntergang zu verdienen. Wir sollten dem Schöpfer unendlich dankbar sein für all die so wunderschönen Geschenke, die wir jeden Tag unseres Lebens von ihm erhalten. Seit wir geboren wurden, als wir das erste Geschenk, das Geschenk des Lebens bekommen haben, wurden wir mit Geschenken überschüttet: Der Sternenhimmel, die Berge mit ihren umwölkten Bergspitzen, die Wälder, bevölkert von Gottes Geschöpfen, der Ozean mit seiner großen Kraft, Musik, Bücher, Reisen, Freundschaft,

Liebe. Ich bin so überwältigt von seiner Großzügigkeit, daß ich versuche, ihm alles, was möglich ist, zurückzuzahlen. Ich stehe in solch einer Schuld bei meinem Schöpfer, daß ich niemals in der Lage sein werde, auch nur einen Bruchteil von dem zurückzuzahlen, was er mir gegeben hat. Aber er fordert mich nie auf, irgend etwas zurückzuzahlen. Und deswegen versuche ich wenigstens etwas jeden Tag zurückzuzahlen. Aber ich bin egoistisch, denn ich weiß, daß er mir umso mehr geben wird, je mehr ich versuche, ihm etwas zurückzuerstatten. Ich versuche, ihm zu zeigen, wie dankbar ich ihm für alle seine wunderschönen Geschenke bin, nur um noch mehr und mehr von ihm zu bekommen. Wenn wir gesehen haben, wie die ganze Welt an einem Faden von der Gnade Gottes abhängt, dann haben wir die Wahrheit gesehen. Von diesem Augenblick an sind all unsere Gedanken, all unsere Gefühle verwandelt in die reine, freudige Dankbarkeit für die unendliche Liebe Gottes. Wenn wir wissen, daß wir unsere nie endenden Schulden nicht zurückzahlen können, können wir frohen Herzens unser Leben dem Versuch weihen, unsere Schuld in einer Ekstase der Freude und des Dankes zurückzuzahlen. Deswegen können wir, die wir zerlumpt ohne einen Pfennig und ohne Wohnstätte sind, doch vorwärts gehen und Lieder singen, die von den Sternen kommen könnten! Denn die Sterne, die über uns in ihrem Glanz vorbeiziehen, schauen auf uns, die Kinder Gottes, mit Neid herab.

Mein unvergeßlicher erster Tag in Rom

Mit gemischten Gefühlen verließ ich die spirituelle Insel, auf der ich die letzten acht Lebensjahre verbracht hatte, und betrat die Wege der äußeren Welt. Meine Eltern stimmten meinen Plänen aus vollem Herzen zu. «Ein wunderbares Abenteuer», sagte mein unitarischer Vater mit einem Augenzwinkern. «Eine großartige spirituelle Pilgerschaft», sagte meine katholische Mutter mit ehrfurchtsvoller Stimme. Auf Anraten meines Vaters fuhr ich zuerst nach Paris und Leipzig, um spezielle, von ihm genannte Buchhandlungen aufzusuchen und die besten aramäischen und hebräischen Wörterbücher zu erwerben. Er sagte mir: «Sorge dich nicht um dein Griechisch und Latein, aber ohne ausreichende Kenntnisse in Aramäisch und Hebräisch wirst du verloren sein, mein Sohn.»

Ungefähr zehn Tage später befand ich mich in einem italienischen Zug, in einem einfachen Gewand, die Wörterbücher in einem meiner beiden Koffer, meinen Empfehlungsbrief und den Umschlag mit seinem geringen Inhalt italienischer Lire in meiner Tasche. Ich erblickte durch das Zugfenster die italienische Landschaft: Bauern, die auf den Feldern arbeiteten, Frauen, die ihre Wäsche in den Bächen wuschen, und spielende Kinder, die uns aus der Entfernung freudig begrüßten. Es war ein Samstag, und Gruppen lärmender junger Männer, die zu einem Fußballspiel in der Nachbarstadt fuhren, bevölkerten unser Abteil. Da waren ältere Männer und Frauen unterwegs, um ihre Kinder zu besuchen, und ganze Familien, die ihre Verwandten besuchten. Italienische Überschwenglichkeit füllte unser Abteil, und ich hatte reichlich Gelegenheit, meine rudimentären Italienischkenntnisse während der langen Reise zu üben.

Endlich, am Abend, erreichten wir «die Stadt». Meine ersten Erfahrungen waren nicht sehr glücklich. Der Bahnhof, überfüllt mit rennenden Menschen, voller Rauch der Lokomotiven und die Luft schwer vom Geruch billigen Weins und fettigen Essens, dämpfte meinen Enthusiasmus für «die heilige Stadt» zu einem großen Teil. Nachdem ich eine Weile gesucht hatte, fand ich eine Pferdekutsche mit einem schläfrigen Kutscher und einem traurig dreinblickenden Pferd. Unter Einsatz meines sehr begrenzten italienischen Vokabulars versuchte ich, ihm zu erklären, daß ich Student sei und ich ein billiges Zimmer zum Übernachten benötige. «Ah, ein Student», sagte er müde, so als ob dies alles erklärte, und er brachte sogar sein schläfriges Pferd in Bewegung. Nach einer recht langen Fahrt durch merkwürdige, enge Straßen voller Menschen, die vor ihren Türen saßen, in Gruppen zusammenstanden, herumbummelten und die Passanten beobachteten, erreichten wir endlich ein kleines, zweistöckiges Haus mit einem offenen Tor, das zu einem winzigen, dunklen Vorraum führte, in dem uns ein alter Mann, in Weindunst und Tabakschwaden sitzend, empfing. Ich gab dem Kutscher eine halbe Lire, die er gutgelaunt in die Tasche steckte, und danach fuhr er mit einer gemurmelten Klage über die «Studenten» wieder davon. Und da stand ich nun mit meinen zwei Koffern, der eine mit Wörterbüchern, der andere mit Mandeln gefüllt. «Komm, Student», sagte der alte Mann und führte mich in sein wohl schlechtestes Zimmer. «Eine Lira», sagte er und streckte seine Hand aus. «Wenn du länger bleibst, dann kommt es auf fünf Lira die Woche. Buona notte!» Und er schlurfte davon.

Das Zimmer hatte kein Licht, aber das Licht der nächsten Straßenlaterne zeigte mir verschwommen das Vorhandensein eines alten Bettes mit einer Strohmatratze, einem alten Stuhl und einem Tisch mit sehr wackeligen Beinen. Nachdem ich vergeblich versucht hatte, die Tür abzuschließen, schob ich meine beiden Koffer unter das Bett, zog mich aus und schwor mir, all die Unannehmlichkeiten aus meinem Geiste zu verdrängen und einen guten Schlummer zu haben. Aber sobald ich eingeschlafen war, hörte ich ein schrecklich surrendes Geräusch, als Dutzende von Moskitos mich im Gesicht und an den Armen attackierten. Als ich sie verscheuchen wollte, erkannte ich mit Schrecken, daß diese nicht meine einzige Gesellschaft waren: große Schaben liefen an meinem Körper auf und ab, so als ob ihnen mein Bett gehören würde, was wahrscheinlich auch stimmte. Der drückenden Hitze im Zimmer zum Trotz, bestand meine einzige Verteidigung darin, mich wieder anzuziehen und mich mit einem Taschentuch auf dem Gesicht hinzulegen. Und trotzdem konnte ich nicht zum Schlafen kommen. Gerade als ich dachte, die Moskitos und Schaben entmutig zu haben, ließ mich ein ungeheurer Lärm aus der Vorhalle wieder voll aufwachen. Ein extrem lautes Fest hatte begonnen; ein lautstarker Baß sang Opernarien, und die übrigen sangen mit, klirrten mit ihren Gläsern, lachten lauthals usw. Als ich da nun lag, umgeben von all dem Lärm, erkannte ich zu meinem großen Leidwesen, daß es ja Samstagnacht war und daß die Party noch stundenlang weitergehen würde. Und so war es denn auch. Wann immer die Baßstimme aufhörte, hörte man fröhliche Rufe «Mehr, Giorgio, mehr!», und zu meinem Leidwesen fuhr Giorgio fort und versuchte mit betäubender Lautstärke seine mangelnden musikalischen Fähigkeiten zu übertönen. Der falsche Gesang und die «Bravo»- und «mehr, Giorgio»-Rufe gingen weiter, endlos so schien es, bis schließlich die fröhliche Gesellschaft im Morgengrauen nach Hause ging und ich endlich eine oder zwei Stunden schlafen konnte. Als ich erwachte, war mir klar, daß ich irgendwo anders ein ruhiges Zimmer finden mußte. Höflich überließ ich das Bett wieder den Schaben und suchte nach Wasser, aber trotz des Vorhandenseins eines zerbrochenen Waschbeckens war kein Tropfen Wasser in dem Zimmer verfügbar. So nahm ich meine zwei Koffer und machte mich auf den Weg zur Vorhalle, die bei Tageslicht auch nicht besser aussah. Aber da war ein netter, junger Angestellter, der mir meine Fragen freundlich beantwortete, und als ich ihn fragte, wo ich ein ruhiges Zimmer finden könnte, nahm er mich mit an einen Tisch auf der anderen Seite der Vorhalle, wo zwei Männer Schach spielten und deren Spiel von einem halben Dutzend Zuschauern aufgeregt beobachtet wurde. Der junge Angestellte sagte mir, daß ich das Ende des Spiels abwarten solle, denn die beiden Schachspieler wohnten in einer ruhigen Pension, und vielleicht könnten sie mir helfen, etwas zu finden. Später erfuhr ich, daß die beiden Spieler, der eine Angestellter der Eisenbahn, der andere bei einer Bank, die Schachmeister der Nachbarschaft waren und daß ihr Spiel immer ein «Ereignis» darstellte. Obwohl ich kein Wort sagte, konnte ich doch mein wechselndes Mienenspiel bei den verschiedenen Schachzügen nicht verbergen und bald bemerkte sie mich und gönnten mir hin und wieder ein Lächeln. Aufgrund meiner unwillkürlichen Gesichtsbewegung erkannten sie, daß ich ein Schachspieler war und noch dazu ein guter.

Bald wurde ersichtlich, daß einer der Spieler sich in einer unbequemen Lage befand, denn die Position am Schachbrett begann sich aufzulösen. Schließlich bat er um Erlaubnis, die Herrentoilette aufzusuchen, und er deutete mir an, seinen Platz bis zur Rückkehr einzunehmen. Ich tat dies mit Freude, und er muß an Verstopfung gelitten haben, denn es dauerte mindestens eine halbe Stunde, bis er wieder zurückkam. Mittlerweile versuchte ich, seine Position vor der unausweichlichen Niederlage zu bewahren. Jedoch nach mehreren Zügen war ich unfähig, einen entscheidenden Vorteil zu gewinnen. Zu guter Letzt gelang mir ein Zug, und genau jetzt erschien mein Freund wieder. «Bravo, bravissimo!» rief er überglücklich, als er sah, daß er vor der Niederlage bewahrt war, und er lud mich ein, sie zum Mittagesssen und danach zu einem großen Fußballspiel zwischen Rom und Mailand zu begleiten. Als ich ihnen in meinem holprigen Italienisch erklärte, daß ich ein armer Student sei, der nach einem einfachen, billigen und ruhigen Zimmer suche, riefen sie beide gleichzeitig: «La Signora!» Ein Schwall erregter Worte folgte, und schließlich verstand ich, daß es sie freuen würde, mich in ihre Pension zu bringen, aber erst nach dem Fußballspiel, und sie würden meine Weigerung, sie zu begleiten, nicht akzeptieren.

So fand ich mich also nach dem Mittagessen mit den beiden Schachspielern in einem schwankenden Fiaker auf dem Weg zum Fußballspiel, das wir endlich nach einer langen Fahrt erreichten. Mir gefiel es nicht, daß ich meine Koffer zurückgelassen hatte, aber sie versicherten mir, der Kutscher sei ein Verwandter und dazu ein sehr ehrlicher Mann, der mit seiner Kutsche warten würde, bis das Spiel vorüber sei, und uns dann alle zur Signora zurückbringen würde. Und so verbrachte ich meinen ersten Tag in Rom bei einem Fußballspiel und war noch weit entfernt von meinem so sehr herbeigesehnten ruhigen Zimmer! Aber es war ein aufregendes Spiel, und die Zeit verstrich schnell. Schließlich waren wir wieder in dem langsamen Fiaker, diskutierten alle Einzelheiten des

Spiels, und meine Stimmung wurde heiterer, je näher wir dem gelobten Land, dem ruhigen Zimmer, kamen.

Zuletzt hielten wir vor einem freundlichen, kleinen Haus, das in einer engen Seitenstraße (tatsächlich ruhig) lag. Sie führten mich sofort zu der schon bekannten Signora, die sich als recht füllige Dame mit großer Autorität und freundlichen Augen erwies. Meine erste Frage an sie betraf die Entfernung zum Vatikan, und sie versicherte mir, daß ich in einer Stunde dorthin laufen könnte. Dies schien ganz vernünftig, aber dann erwartete uns ein unerwartetes Hindernis: es sah so aus, daß trotz der warmen Empfehlungen meiner Freunde, die mich nun vollständig unter ihren Schutz genommen hatten, die Signora kein Zimmer zu vermieten hatte. Das einzige freie Zimmer der Pension würde in zwei Tagen besetzt sein. Die Schachspieler redeten, die Signora redete, ich hörte still zu, und schließlich entwickelte sich ein Patt. Die Signora vermietete mir das einzige freie Zimmer am Ende des Korridors für zwei Tage – aber nur für zwei Tage. Ich nahm den Vorschlag überglücklich an, denn zu diesem Zeitpunkt war ich wirklich reif für einen guten Schlaf.

Endlich gehörte mir das gelobte Land, und noch in derselben Stunde schlief ich in einem bequemen Bett in einem einfachen, aber sauberen und ruhigen, kleinen Zimmer.

Mein zweiter und dritter Tag: viel freundlicher

Als ich am nächsten Morgen aufstand, waren meine beiden Schachspieler und auch alle anderen Bewohner des Hauses zur Arbeit gegangen, und ich fand nur noch die schwergewichtige Signora frühstückend an einem weißgedeckten Tisch im Korridor vor. An der Wand hinter ihr – das ganze Zimmer dominierend – hing ein riesiges Portrait ihres verstorbenen Ehemannes, eines leuchtenden Beispiels bürgerlicher Eleganz. Seine Krawatte war gestärkt und blütenrein, sein Haar, von Pomade glänzend, war mit peinlicher Symmetrie gescheitelt, und seine buschigen Augenbrauen standen in Konkurrenz zu einem herrlichen Bartwuchs. Seine eindrucksvolle Präsenz war jedoch auf den vergoldeten Rahmen des Bildes beschränkt; es stand außer Zweifel, daß die Signora jetzt die einzige Autorität des Haushalts darstellte.

Sie lud mich ein, mich neben sie zu setzen, und das tat ich denn auch. Sie erzählte mir, daß die beiden Schachspieler bereits seit mehreren Jahren in ihrer Pension lebten und daß sie mich wärmstens bei ihr empfohlen hätten und sicher wären, daß sie das Zimmerproblem eines armen Studenten mit wenig Geld lösen könnte. Nachdem sie mir dann wieder erklärte, daß mein jetziges Zimmer schon vergeben sei, sagte sie, die einzige mögliche Lösung meines Problems bestehe darin, auf dem Dachboden zu wohnen.

Mein überraschter Ausdruck muß verdeutlich haben, daß ich dachte, sie scherze, und so erhob sie sich und deutete mir an, ihr zu folgen. Das tat ich, und sie führte mich zu einer schmalen Treppe, die auf den Boden führte. Dieser erwies sich als großer, weitläufiger Raum mit einem herrlichen Blick auf die Stadt. Sie führte mich in einen winzigen Abstellraum, der mit Gerümpel überfüllt war, der – wie sie sagte – ihrem Großvater gehört habe und ihr sehr kostbar sei. Sie erzählte, daß ein Nachtwächter hier gewohnt habe, aber dieser habe vor einigen Tagen geheiratet und sei weggegangen. Sie sagte weiterhin, daß ich hier umsonst wohnen könne, falls ich gewillt sei, hier jede Nacht zu schlafen. Ich bemerkte einige Gerümpelteile in dem kleinen Raum und fragte sie, ob ich diese haben könne, einschließlich einer Handvoll Nägel und einem Hammer, und ich könnte den Dachstuhl reparieren, denn ich würde lieber dort als in dem schmutzigen Abstellraum schlafen. Sie stimmte erfreut zu, und innerhalb von zwei Tagen hatte ich ein akzeptables Dach über dem Kopf, ein Bett aus dem Abstellgerümpel zum Schlafen, eine große hölzerne Truhe als Tisch und Buchablage und eine kleine Kiste zum Sitzen. Meine beiden schachspielenden Freunde kletterten auf den Dachboden, um meine improvisierte Einrichtung zu inspizieren, und beide drückten ihren Beifall über meine spontane Zimmermannsarbeit aus und fügten noch hinzu, die Signora habe einen guten

Fang gemacht, denn der Nachtwächter hatte ihr pro Woche fünf Lira abverlangt. Ich versicherte ihnen, daß ich den beiden sowie auch der Signora sehr dankbar sei, einmal dafür, daß sie mich hierher gebracht hatten, und andererseits, daß ich hier nun wohnen könne. Nachdem sie mich eingeladen hatten, jeden Sonntag mit ihnen Schach zu spielen, verließen sie mich, kehrten aber später mit einem Geschenk zurück: einer leeren 20-Liter-Kanne, um darin mein Wasser zu holen und aufzubewahren, und sie erzählten triumphierend, sie hätten die Signora dazu überredet, mir die Benutzung des Waschraums unten zu gestatten. Dies war nur der Anfang einer festen Freundschaft, die während meines gesamten Aufenthaltes fortbestand, und ich werde niemals ihre sanften Gesichter und die rituellen Schachspiele vergessen.

Am Nachmittag des zweiten Tages machte ich mich auf, die Nachbarschaft zu erkunden. Meine kleine Pension war umgeben von einem Spinnennetz enger Kopfsteinpflasterstraßen, an denen kleine Häuser standen, die von einfachen, gutmütigen Menschen bewohnt waren. Ich entdeckte eine große Anzahl kleiner Geschäfte voll von einfachen Waren, wie z.B. Kerosin für Lampen, Zucker, Mehl, Fett, Öl, Getreide (alles in offenen Fässern), einigen Früchten, Gemüse und alle Sorten Süßigkeiten, die immer von bettelnden Kindern umlagert waren, die wissen wollten, wieviel sie für einen Pfennig kaufen könnten. Ich war zufrieden, nicht verhungern zu müssen, und am dritten Tag nahm ich meinen Empfehlungsbrief und machte mich auf den Weg zum Vatikan.

Es dauerte eine Weile, bis ich mich in dem Labyrinth der kleinen Straßen orientiert hatte, aber innerhalb weniger Tage fand ich den Weg leicht und verlief mich nicht mehr. Die engen Straßen und die kleinen Läden, die sanften, lächelnden Menschen grüßten mich, als ich meinen täglichen Fußmarsch zum Vatikan antrat, die glücklichen Kinder mit ihren kleinen Süßigkeiten, all das kehrt in mein Gedächnis zurück – sogar nach einem halben Jahrhundert, als Teil des Bildes dieser ersten Tage, als ich ein Teil dieser typisch italienischen Umgebung wurde, einer freundlichen kleinen Stadt innerhalb einer Stadt.

Mein Abenteuer begann im Juni 1923. Zwei Jahre später, im Herbst 1925, stand ich vor meinen Klassenkameraden in der Universität von Paris und las meine Arbeit laut vor, wie es für jeden Studenten an der Sorbonne Tradition war, jedes Jahr eine Vorlesung zu verfassen und diese der Klasse vorzulesen. Das Thema meiner Arbeit war die außergewöhnliche Geschichte meiner Studien in den Archiven des Vatikans, und sie wurde sowohl von meinen Klassenkameraden als auch von meinem Professor sehr wohlwollend aufgenommen. Obwohl das Manuskript dieser Arbeit vor vielen Jahren verlorenging, bleibt die Geschichte doch unauslöschbar in meiner Erinnerung verankert, und ich möchte sie nun gerne meinen Lesern mitteilen.

Ich erinnere mich gut daran, wie ich zum erstenmal an der überwölbten Straße am Osservatore Romano vorbei zum Belvedere, dem Standort der Geheimarchive, direkt neben der Vatikanbibliothek, ging.

Als ich die Labyrinthe der Archive betrat, vergaß ich das Leben der übrigen Stadt vollständig, denn sie stellten tatsächlich eine eigenständige Welt dar. Ich fühlte mich sehr jung und verlassen, als ich die endlosen Korridore entlangschritt. Und überall sah ich – die Regale nahm ich nur verschwommen wahr – unzählige Bündel von Schriftrollen, Kodizes, alte Manuskripte und unzusammenhängende Papierstücke.

Wie durch ein Wunder fand ich den Weg zum äußeren Büro des Msgr. Angelo Mercati, des Präfekten der Archive und des Jugendfreundes meines Direktors, Msgr. Mondik. An ihn war mein Empfehlungsbrief gerichtet, und ich hielt ihn wie einen Talisman fest, als ich an einer der ehrfurchtsgebietenden Schweizer Garden vorbeiging, die in unbeweglicher Pracht an der Tür stand. Mein Brief muß ihnen gefallen haben, denn sie erlaubten mir den Durchgang. (Und doch versäumten sie es nie, mich nach meiner Passiererlaubnis zu fragen, bevor sie mich die Treppen zu den Archiven hinaufließen, selbst dann nicht, als sie mich schon gut kannten.) In dem Büro angelangt, war der Sekretär zwar sehr freundlich und geduldig, aber er machte mir auch unmißverständlich klar, daß absolut niemand den Msgr. Mercati stören könne, daß er aber den abgegebenen Brief dem Präfekten zum geeigneten Zeitpunkt überreichen werde und daß ich morgen zur gleichen Stunde zurückkommen solle. Dies war in der Tat ein Schlag für mich – noch größer als meine Enttäuschung, Msgr. Mercati nicht treffen zu können, war mein Zögern, den kostbaren Brief aus der Hand zu geben. Aber ich war entschlossen, meinem Gehorsamgelöbnis treu zu bleiben und so gab ich ihm den Brief und ging wieder fort. Die überfüllte und lärmende Stadt stand im erschrekkenden Gegensatz zu dem feierlichen Frieden innerhalb der alten Mauern.

Ich kann mich nicht mehr daran erinnern, wie dieser Tag verging. Ich weiß nur noch, daß ich nur mit großer Selbstkontrolle meine Ängste überwinden konnte. Würde ich nun doch nicht als Student akzeptiert werden? Hatte ich in irgendeiner mir unbekannten Weise gegen eine Regel verstoßen? Diese angsterfüllten Gedanken wurden besänftigt, als ich wieder in die Würde und den Frieden der Vatikanstadt eindrang. Dieses Mal fand ich den Weg zum Büro von Msgr. Mercati viel leichter, und dieses Mal war mir auch gestattet, den inneren Raum zu betreten. Ich befand mich in einem warmen, freundlichen, mit Büchern angefüllten Studierzimmer mit einem riesigen, alten Schreibtisch, hinter dem einer der unvergeßlichsten Menschen saß, die mir je in meinem Leben begegnen sollten.

Dies war nun der berühmte Msgr. Angelo Mercati, der Präfekt der vatikanischen Archive, Verfasser von mehr als einem Dutzend Bücher über philosophische und theologische Themen, eine bekannte Autorität auf dem Gebiet der patristischen und scholastischen Literatur und Themen der Kirchengeschichte des 1. und 2. Jahrhunderts. Die Titel einiger seiner Werke deuteten auf seine vielseitigen Interessen hin: *Petrus der Sünder, Die Privatbibliotheken der Päpste, Antike Kunst, Monte Cassino, Michelangelo, Kopernikus* usw. Man konnte auch erkennen, daß er ein unglaubliches, fast übermenschliches Erinnerungsvermögen besaß, das die gesamten fünfundzwanzig Meilen langen Buchregale der Archive mit einschloß.

Aber in jenem Augenblick sah und verstand ich nur die durchdringende Wärme seiner Augen, einen Blick von solch großem Wohlwollen verbunden mit profunder Weisheit, der mich sprachlos machte, als er mich zum Sitzen aufforderte.

«Ich habe deine Arbeit gelesen, mein Sohn», sagte er. «Kannst du mir sagen, warum du hier bist und wonach du suchst?»

Ich erzählte ihm so einfach wie möglich über meine Liebe zu dem heiligen Franziskus und daß ich sein Wissen erlangen wolle, daß ich die Quelle dieses einzigartigen und eigenwilligen Denkers entdecken wolle. Kurz gesagt, ich öffnete ihm mein Herz und enthüllte vieles, was ich zuvor noch niemandem gesagt hatte.

Er war lange Zeit still. Dann sagte er sehr leise: «Der

heilige Franziskus ist der Ozean. Zuerst mußt du den Strom finden, der ihn nährte. Und dann mußt du den Fluß suchen. Und dann, wenn deine Füße fest auf dem Weg stehen, mußt du nach der Quelle suchen.»

Ich wollte ihn nach der Bedeutung seiner Worte fragen, aber sein Blick veranlaßte mich, still zu sein. «Geh mit Gott, mein Sohn!» murmelte er, und es war gleichzeitig ein Segen und eine Verabschiedung.

Nun, da ich als Student akzeptiert war, wurde die Welt der Archive zu meiner Welt, und selbst während des langen Weges zurück zu meinem Dachstuhl im Haus der Signora sah ich noch vor meinem geistigen Auge die Dutzende von Unterabteilungen in jenen endlosen Hallen und Fluren, das Archivum Arcus, das Miscelanea, die Instrumenta, das Miscelanea Fondi und den Katalograum, wo die Studenten sich mühten, mit den sechshundert handschriftlichen Verzeichnissen zurechtzukommen, die jämmerlich unvollständig waren. Aber die Wärter und die Mitarbeiter der Archive waren nett und hilfsbereit und gaben den Studenten allgemeine Hinweise, besonders im Katalograum. Danach lag es an den Studenten, ihre individuellen Forschungen fortzuführen. Und ich kam mir vor wie ein kleiner Bub, der an einer riesigen Meeresküste steht und versucht, einige Kieselsteine aufzulesen. Ich wußte anfangs nicht, wo ich beginnen sollte, denn während die vatikanische Bibliothek in erster Linie eine große Sammlung einzelner Bücher ist, umfassen die Geheimarchive des Vatikans mehr als 25 Meilen Regallänge voller Schriftrollen,

Pergamenten, Papiermanuskripte und Kodizes. Vieles in den Geheimarchiven ist noch terra incognita. In einem rechteckigen, staubigen Raum gab es mehr als zehntausend Packen unerschlossener Dokumente.

Meine Mitstudenten kamen aus fast allen Ländern der Welt, und wir hatten teil an einer brüderlichen Atmosphäre der Liebe, Hingabe und Zuneigung. Einige waren Studenten wie ich, einige waren ausländische Priester, andere waren Amtsträger in unbekannter Mission, aber wir nahmen alle zusammen in einem Geiste der Brüderlichkeit unser Mittagsmahl ein, in einem Innenhof, der von Bäumen, Blumen und dem Duft von Orangenblüten erfüllt war. Und während meine Mitstudenten ihre mageren Portionen Käse, Brot und Früchte mit mir teilten, erzählten wir uns über unsere geistigen Erlebnisse, auf der Suche in unserem Mikrokosmos.

Einige Zeit vertiefte ich mich in lateinische und griechische Dokumente, indem ich meine guten Kenntnisse in beiden Sprachen nutzte, mich in alle verfügbaren Materialien über den heiligen Franziskus zu vertiefen. Während der späten Morgenstunden machte Msgr. Mercati, immer von großer Erregung innerhalb der Studentenschaft begleitet, seine regelmäßigen Besuche im Studierraum und beantwortete aufmerksam jede an ihn gerichtete Frage. Er hatte meine Bemühungen einige Zeit beobachtet, und eines Tages sagte er mir während seiner Rundgänge: «Vergiß nicht, mein Sohn, der lateinische Ozean ist durch den griechischen Strom genährt worden, der wiederum ist durch den aramäischen Fluß, der aus der hebräischen Quelle kommt, genährt worden.» Und er teilte mir einen aramäisch-hebräischen Führer zu, einen französischen Mönch, mit dem ich mich schnell anfreundete.

Meine Arbeit machte Fortschritte. Meine Suche nahm Gestalt an, und die rätselhaften Worte meines geistigen Mentors begannen Bedeutung zu gewinnen. Nun bemerkte ich auch mit neu gewecktem Interesse eine große, immer verschlossene Türe fast am Ende des unteren Flurs von Msgr. Mercatis Büro, zu der nur der Präfekt den Schlüssel besaß. Ich nahm meinen Mut zusammen, um eine geheimnisvolle Wendeltreppe zu erklimmen, die zu dem ältesten Teil der Geheimarchive führte, wo die kostbarsten und ältesten Dokumente aufbewahrt wurden. Zu dieser Zeit begann ich auch meine Forschungen durch die 15 riesigen Schränke der Miscelanea. Plötzlich wußte ich, daß ich auf die Spur gekommen war, und ich wußte auch, was als nächstes zu tun war.

Als ich an Msgr. Mercati herantrat, um eine Erlaubnis einzuholen, die Archive des Benediktinerklosters Monte Cassino zu besuchen, bemerkte ich ein unmißverständliches Zwinkern in seinen Augen, als er mir einen Empfehlungsbrief an den Abt überreichte, der mit dem Datum des vergangenen Tages versehen war. Er freute sich über mein Erstaunen. «Geh mit Gott, mein Sohn. Ich glaube, du hast den Strom gefunden.»

Ich verbrachte viele Wochen in diesem ältesten westlichen Kloster, das in seiner langen Existenz so viel erlitten hatte, von der Invasion der Sarazenen bis zu Feuer und Erdbeben (und zwanzig Jahre später würde es auf dem Weg liegen, den die schwere Artillerie der deutschen Armee befahren würde), und jedes Mal folgte der Zerstörung eine herrliche Wiedergeburt, stärker und schöner als je zuvor.

Ich spürte die ehrfurchtgebietende Größe der Aufgabe, die Benedikt seinen Mönchen auferlegte: Sammeln, Kopieren und Erhalten der besten Literatur, Kunst und Musik, die der Mensch geschaffen hatte, so daß man am Ende des dunklen Zeitalters die Vergangenheit und ihre Ursprünge wiederfinden könne.

Dies war nicht alles, was ich in Monte Cassino fühlte und lernte. Ich sah die Mönche in dem Hain spazierengehen und im Garten arbeiten, ihr Brot und die Früchte während der gemeinschaftlichen Mahlzeit teilen, in ihren kleinen Einzelzellen meditieren und jeden Morgen und Abend von der Pracht Gottes singen. Ich konnte nicht umhin, mich an Josephus' wunderschöne Beschreibung des Lebens der Essenerbruderschaft am Toten Meer zu erinnern. Und in den Archiven von Monte Cassino begegnete ich dem sanftmütigen heiligen Benedikt, der einen uralten Traum in die Realität verwandelt hat und so zu einem Bollwerk für die westliche Welt wurde.

Ich kehrte zu Msgr. Mercati zurück. Er sah mich schweigend mit seinen durchdringenden Augen an. «Hast du auch den Fluß gefunden, mein Sohn?»

«Noch nicht, Vater», antwortete ich, «aber ich werde ihn finden!»

Er fixierte mich mit noch einem durchdringenden Blick, nickte dann langsam und sagte nach einer langen Pause: «Ja, das wirst du.» Und er überreichte mir einen Schlüssel, der, wie ich wußte, zu dem verschlossenen Raum am Ende des Korridors gehörte.

«Gib diesen Schlüssel unter allen Umständen an mich persönlich zurück», sagte er. «Und viel Glück, mein Sohn!»

Ich betrat den Geheimraum, wie ein Eingeweihter der Alten die heilige Kammer der Großen Pyramide betreten haben muß, und dieses Mal nahm ich meinen Aramäischlehrer nicht mit. Ich vergrub mich in die staubigen Manuskripte, als hätte ich eine Landkarte, die mir den Weg gezeigt hätte, und es dauerte nicht lange, bis ich das Gesuchte gefunden hatte.

Nach ein paar Tagen übergab ich den Schlüssel wieder Msgr. Mercati und bat um seine Erlaubnis, noch einmal nach Monte Cassino zurückzukehren. Er sah mir ins Gesicht und lächelte. «Ich bin froh, daß du den Fluß gefunden hast, mein Sohn», sagte er. «Nun hoffe ich, daß du die Quelle finden wirst.»

Und wieder überreichte er mir einen Brief mit dem Datum des Vortages, der dieses Mal diese Bitte an den Abt enthielt, mir die Benutzung der großen Truhen im Skriptorium zu gestatten.

Ich tauchte in den Archiven von Monte Cassino unter wie ein Fisch, der zum Wasser zurückkehrt. Der

Strom des heiligen Benedikt trug mich, der Fluß des Hieronymus, den ich in der kostbaren Fundgrube in dem verschlossenen Zimmer entdeckt hatte, trieb mich an und ich brütete über unpurgierten Ausgaben von Josephus, Philo und Plinius neben vielen anderen lateinischen Klassikern. Wieder ging ich durch die herrlichen Manuskripte des heiligen Hieronymus. Viele der unbezahlbaren Werke wurden allgemein als verlorengegangen betrachtet, und ich las und las in einem Schatzhaus von unbeschreiblichem Reichtum. Ich erfuhr, daß andere Kopien seiner Arbeiten in anderen Benediktinerklöstern überlebt hatten, wie z.B. in der Bibliothek von San Salvatore, in der eine wunderschöne Kopie jahrhundertelang aufbewahrt wurde, die dann mit der Zerstörung der Kirche in die Biblioteca Laurenziana in Florenz gelangte, wo sie jetzt als das «Amiatino-Evangelium» klassifiziert ist.

Die Originalmanuskripte des heiligen Hieronymus, die man seit dem 5. Jahrhundert verloren glaubte, sind glücklicherweise im Benediktinerkloster von Monte Cassino und in den Geheimarchiven des Vatikans aufbewahrt. Unter diesen Manuskripten befindet sich der vollständige Text des Essener Friedens Evangeliums.

Ich hatte die Quelle gefunden: hebräische Fragmente des Essenerevangeliums, deren aramäische Version ich gerade in den Regalen von Msgr. Mercati verschlossenem Raum gefunden hatte. Ich erkannte jetzt den Grund des inneren Leuchtens, das von dieser geliebten Person ausstrahlte, und ich ermaß blitzartig das heroische

Ausmaß seines Schweigens. Sollte auch ich jetzt schweigen?

Ich kehrte zum Vatikan zurück und ging sofort in Msgr. Mercatis Büro, dieses buchbeladene Studierzimmer, das ich so gut kennen- und liebengelernt hatte. Als er aufsah, erblickte ich sofort etwas Neues in seinem Ausdruck: zusammen mit seinem vertrauten Blick weisen Mitgefühls war da ein verschlüsselter Ausdruck, der fast an Mitleid grenzte, eine Teilhabe an etwas, das er mit keinem anderen Menschen teilte.

«Du hast die Quelle gefunden», sagte er leise. «Woher wissen Sie das?» fragte ich. «Weil man es dir ansieht, mein Sohn», sagte er mit einem Augenzwinkern. Und wieder überflog dieser seltsame Ausdruck sein Gesicht: Ich sah darin wie in einem Spiegel all die Weisheit und das Mitgefühl von Zeitaltern, vermischt mit feinem Humor und der Teilhabe an einem unaussprechlich kostbaren Geheimnis. Tränen brannten plötzlich in meinen Augen. «Was soll ich tun, Vater?» fragte ich. Er mußte nicht fragen, auf was ich hinaus wollte. «Laß den heiligen Franziskus in deinem Herzen singen», flüsterte er.

Ich kniete nieder und küßte seine Hand. Er sagte nur ein einziges Wort, das kürzeste Wort im Lateinischen mit einem einzigen Buchstaben: «I». – «Geh» – Ich ging und sah ihn niemals wieder.

Epilog

Nach mehr als einem halben Jahrhundert werden bestimmte Erinnerungen blaß und verlieren an Bedeutung, während andere, kleine Ereignisse zur Zeit ihres Geschehens, eine größere Bedeutung erlangen. Am Ende ist es nicht die große Entdeckung oder das dramatische Abenteuer, an das ich mich erinnere, wenn ich an Msgr. Mercati denke, sondern die strahlenden Augenblicke spiritueller Schönheit, die unbefleckte Vornehmheit seiner Seele, die sich in zwei kleinen Episoden widerspiegelt.

Eines Nachmittags, kurz nachdem ich mit meinen Studien im Vatikan begonnen hatte, ging ich in sein Büro, um etwas zu fragen. Ich öffnete die Türe einen Spalt, nachdem ich geklopft und keine Antwort erhalten hatte. Er saß an seinem Schreibtisch, tief in Meditation versunken, seine Hände zum Gebet gefaltet. Durch das bunte Glasfenster leuchteten die Farben des Sonnenuntergangs auf seinem Kopf. Ich hielt inne, gerade bevor mich sein Sekretär anhielt.

«Störe ihn nicht», sagte er, «er betet für die Seelen von Galileo und Giordano Bruno.»

Seine Worte verblüfften mich, und ich ging leise fort, um ihre Bedeutung zu verarbeiten. Obwohl ich jung war, erkannte ich doch, wie selten man einen Menschen findet, der die Wahrheit sogar jenseits der heiligen Gelübde, die ihn an eine Kirche binden, verehrt.

Die andere Episode, die ich niemals vergessen werde, ereignete sich Ende September. Ich befand mich in meiner Dachwohnung, saß auf einer Holzkiste, die als Tisch diente, begann gerade mit meinem Abendessen, das aus einer Scheibe dunklem Bauernbrot und einer kleinen Scheibe Ziegenkäse bestand, den ich in einem winzigen Laden der Nachbarschaft gekauft hatte, und meinem kostbarsten Besitz, zwei wunderschönen Pfirsichen, die mir die Signora gegeben hatte, die diese wiederum von ihrem Bruder aus Mailand bekommen hatte.

Ich war an alle möglichen Geräusche von unten gewöhnt, aber dieses Mal erreichte der Lärm einen Höhepunkt, und ich erhob mich von meiner Holzkiste, um nachzusehen. Plötzlich erblickte ich die große, schlanke Gestalt von Msgr. Mercati auf der Treppe. Ich traute meinen Augen kaum, aber er war es wirklich, der weltberühmte Präfekt der vatikanischen Archive, der auf meinen Dachstuhl kletterte, gefolgt von allen Bewohnern des Hauses, die in großer Aufregung waren. Ich weiß nicht mehr, was ich stammelte, als ich ihm anbot, sich auf meine alte Kiste zu setzen, aber ich erinnere mich, daß ich ihm die zwei Pfirsiche anbot. Selbstverständlich erschien die Signora innerhalb von einer Minute mit einer ganzen Schale wunderschöner Pfirsiche, die sie dem Kirchenfürsten anbot, während sie ihren Sohn rief, einen Sessel zu bringen. Aber er setzte sich gut gelaunt auf die Holzkiste und sagte sanft:

«Nein, meine Freundin, ich bin kein Fürst, ich bin nur ein einfacher Bibliothekar; bitte bemühen sie sich nicht, einen Sessel zu bringen. Ich kam nur, um mit meinem Studenten zu sprechen.» Mit ungewöhnlicher Auffassungsgabe verstanden sie die diskrete Anspielung und verzogen sich widerstrebend nach unten.

«Du hast hier einen schönen Ausblick», sagte er lächelnd und überblickte meine improvisierte Bleibe. «Aber in ein paar Wochen werden die Nordwinde deinen Palazzo hinwegfegen und du wirst frieren». Als er einen der beiden Pfirsiche gegessen hatte, nahm er einen Umschlag aus seiner Tasche. Er fuhr fort: «Msgr. Mondik, mein lieber Freund, schickt dir dieses bescheidene Geschenk.» Als er den Umschlag öffnete, sah ich hundert Lire darin. «Und», fuhr er fort, «ich glaube, du benötigst auch mein bescheidenes Geschenk». Weitere 100 Lire erschienen in seinen Händen. «Damit kannst du deine Bleibe so herrichten, daß sie der Kälte trotzt.»

Mein Gesicht muß meine Gefühle reflektiert haben, denn er legte seine Hand sanft auf meine Schulter und sagte: «Mach dir keine Sorgen, mein Sohn, du wirst dein Armutsgelöbnis schon noch einhalten. Du wirst nur ein wenig besser essen, und der Nordwind wird dich nicht vom Dach fegen.»

Ich wollte ihm danken, aber er unterbrach mich mit einem Segen, einer zärtlichen Geste seiner Hände, von einem lustigen Zwinkern seiner Augen begleitet. Dann war er weg, so schnell und still, wie er gekommen war. Die vor Ehrfurcht erstorbenen Bewohner des Hauses schauten aus jedem Fenster hinter ihm her, bis er um die Ecke gebogen und außer Sichtweite war.

Weitere Bücher von Edmond Bordeaux Székely

Das Friedensevangelium der Essener – Schriften der Essener, Band 1
Das erste Buch der Essener-Schriften, das Friedensevangelium, offenbart, daß Jesus, der Essener, die Wirkung der Kräfte der Natur zur Heilung des Menschen kannte. Seit ihrer ersten Veröffentlichung im Jahre 1933 sind diese Schriften für Millionen von Menschen in aller Welt zu der Grundlage einer neuen Lebensphilosophie geworden.
ISBN 3-906983-03-X

Die unbekannten Schriften der Essener – Schriften der Essener, Band 2
Dieses bedeutende vor- und außerbiblische Evangelium der Essener-Bruderschaft vom Toten Meer enthält die Überlieferungen der esoterischen Lehren von Moses, die ursprüngliche Fassung der Bergpredigt, die Offenbarungen des Johannes und das Johannes-Evangelium in seiner Urfassung. Diese Texte sowie die Überlieferungen des Begründers der Essener-Bruderschaft werfen nicht nur ein neues Licht auf die im Neuen Testament zu findenden Gleichnisse von Jesus Christus, sondern laden zu einer besonderen Art der Kontemplation und Annahme der Kräfte der Natur ein.
ISBN 3-906983-04-8

Die verlorenen Schriftrollen der Essener – Schhriften der Essener, Band 3
Das dritte Buch der Essener mit seinen Meditationen, Kontemplationen, Prophezeiungen und Hymnen an die Engel, die aus der lange verborgenen, weisen Bibliothek der Essener-Bruderschaft stammen, vermitteln bedeutende Einblicke in das Wesen der geistigen Welt.
ISBN 3-906983-05-6

Die Lehren der Essener – Essener Meditationen
Die Essener-Bruderschaft vom Toten Meer wußten ganz genau, wie sie die Kräfte der Natur und des Geistes, die sie als Engel bezeichneten, in sich aufnehmen und sich ihrer bewußt bleiben konnten. Sie verstanden es, diese Kräfte in ihre täglichen Handlungen einzubinden. Dieses Buch zeugt davon. Es vermittelt anschaulich die Kontemplations- und Meditationsübungen der Essener und führt sie in den Alltag vieler Menschen ein, die eine neue Perspektive und den lebendigen Glauben suchen. Das ist die wesentliche Botschaft der Essener.
ISBN 3-906983-07-2

Some Books in English by EDMOND BORDEAUX SZEKELY

THE ESSENE WAY—BIOGENIC LIVING. The Essene Biogenic Encyclopedia.	US $8.80
THE ESSENE WAY—BIOGENIC LIVING. Hard Cover Limited Edition.	12.95
THE ESSENE GOSPEL OF PEACE, BOOK ONE. 1 Million Copies, 23 Languages.	1.00
ESSENE GOSPEL OF PEACE, BOOK 2: The Unknown Books of the Essenes.	7.50
ESSENE GOSPE L OF PEACE, BOOK 3: Lost Scrolls of the Essene Brotherhood.	7.50
ESSENE GOSPEL OF PEACE, BOOK 4: The Teachings of the Elect.	5.95
DISCOVERY OF THE ESSENE GOSPEL OF PEACE. The Essenes & the Vatican.	5.95
THE ESSENE BOOK OF ASHA: JOURNEY TO THE COSMIC OCEAN.	7.50
SEARCH FOR THE AGELESS, I: My Unusual Adventures on Five Continents.	7.80
SEARCH FOR THE AGELESS, 11: The Great Experiment.	8.80
SEARCH FOR THE AGELESS, Ill: The Chemistry of Youth.	7.50
THE TENDER TOUCH: BIOGENIC FULFILLMENT.	5.50
THE BIOGEN IC REVOLUTION. The 1977 International Essene Biogenic Seminar.	9.50
THE FI RST ESSENE. Dr. Szekely's Last, Unforgettable Seminar (1979).	9,50
BIOGENIC REDUCING. The Wonder Week.	4 50
THE ESSENE BOOK OF CREATION. Light on the Mystery of Mysteries.	4,50
THE ORIGIN OF LIFE. A Panoramic History of the Known and the Unknown.	7.50
TEACHINGS OF THE ESSENES FROM ENOCH TO THE DEAD SEA SCROLLS.	5.95
THE ESSENE JESUS. Revaluation of the Latest Essene Master and his Teachings.	5.95
THE ZEND AVESTA OF ZARATHUSTRA. Powerful Universal Masterpiece.	5.95
ARCHEOSOPHY, A NEW SCIENCE. The Beginning of the Beginnings.	5.95
THE ESSENE ORIGINS OF CHRISTIANITY. 100 Facts and 200 Fallacies.	8.50
THE ESSENES, BY JOSEPHUS AND HIS CONTEMPORARIES.	3.50
THE ESSENE TEACHINGS OF ZARATHUSTRA. Immortal Legend of theWheat.	3.50
THE ESSENE SCIENCE OF LI FE. Companion Book to the Essene Gospel of Peace.	3.50
THE ESSENE CODE OF LIFE. The Natural and Cosmic Laws.	3.50
ESSENE COMMUNIONS WITH THE INFINITE. Holy Life, Sound, and Light.	4.50
THE ESSENE SCIENCE OF FASTING AND THE ART OF SOBRIETY.	3.50
COSMOTHERAPY OF THE ESSENES. Unity of Man, Natureand the Universe.	3.50
THE LIVING BUDDHA. A Comparative Study of Buddha and Yoga.	5.95
SIDDARTHA, THE PILGRIM. Dynamic Spiritual Revelation, set in Ancient India.	2.95
PILGRIM OF THE HIMALAYAS. The Discovery of Tibetan Buddhism.	3.50
TOWARD THE CONQUEST OF THE INNER COSMOS.	6.80
FATHER, GIVE US ANOTHER CHANCE. Survival Through Creative Simplicity	6.80
THE ECOLOGICAL HEALTH GARDEN, THE BOOK OF SURVIVAL.	5.95
THE DIALECTICAL METHOD OF THINKING. Key to Solution of All Problems.	3.50
THE EVOLUTION OF HUMAN THOUGHT. 87 Great Philosophers, 38 Schools.	2.95
MAN IN THE COSMIC OCEAN. Where No One Has Ever Gone.	4.50
THE SOUL OF ANCIENT MEXICO. Hundreds of Ancient Pictographs.	7.50